KB103016

물
속
에

쓴

이
름
들

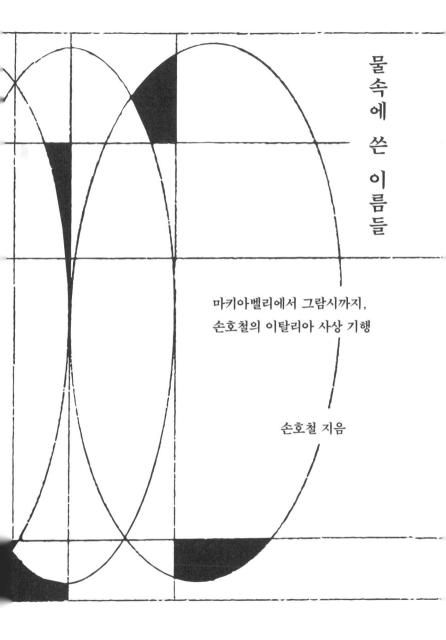

물 속에 쓴 이름들

마키아벨리에서 그람시까지,
손호철의 이탈리아 사상 기행

손호철 지음

이매지느

물속에 쓴 이름들
마키아벨리에서 그람시까지,
손호철의 이탈리아 사상 기행

1판 1쇄 2020년 10월 30일
지은이 손호철
펴낸곳 이매진 **펴낸이** 정철수
등록 2003년 5월 14일 제313-2003-0183호
주소 서울시 은평구 진관3로 15-45, 1018동 201호.
전화 02-3141-1917 **팩스** 02-3141-0917
이메일 imaginepub@naver.com
블로그 blog.naver.com/imaginepub
인스타그램 @imagine_publish
ISBN 979-11-5531-119-6 (03920)

• 값은 뒤표지에 있습니다.
• 이 도서의 국립중앙도서관 출판시도서목록(CIP)은 서지정보유
  통지원시스템 홈페이지(http://seoji.nl.go.kr)와 국가자료공동목록
  시스템(http://www.nl.go.kr/kolisnet)에서 이용하실 수 있습니다
  (CIP 제어 번호: CIP2020044775).

알고 보면 사상의 나라,
찾고 보면 시대의 반항아

"아이고!"

뭔가를 쓰려고 펜에 잉크를 묻히려던 남자가 외마디 비명을 질렀다. 40대 초반인 남자는 아픈 어깨를 추스르고 어렵게 펜에 잉크를 묻혀 글자를 쓰기 시작했다. 'Il Principe.'

그렇다. 《군주론Il Principe》을 쓴 니콜로 마키아벨리Niccolò Machiavelli다. 많은 사람이 알고 있는 상식하고 다르게 마키아벨리는 군주정 지지자가 아니라 열렬한 공화주의자였다. 마키아벨리는 1493년에 메디치가가 쫓겨나고 들어선 피렌체 공화정에 적극 가담했다. 1512년에 메디치가가 다시 권력을 장악하자 공직을 빼앗기고 감옥에 갇혔다. 팔목을 밧줄로 묶어 매다는 잔인한 고문도 당했다. 다행히 교황이 갑자기 세상을 떠나고 메디치가에서 새 교황이 뽑히면서 특별 사면을 단행한 덕에 감옥을 나와 시골집으로 유배를 갔다. 마키아벨리는 고문 때문에 생긴 어깨 통증을 이겨내고 펜을 들어 《군주론》을 쓰기 시작했다. 책을 다 쓴 뒤에는 공화정을 몰아내고 자기를 쫓아낸 메디치가에 헌정했다. 군주정 때문에 탄압을 받은 철저한 공화주의자는 왜 군주를 위해 악명 높은 《군주론》을 쓴 걸까?

416년이 지난 1929년. 피렌체에서 700킬로미터 떨어진 작은 도시 투리Turi에 자리한 교도소 독방에 채 150센티미터도 되지 않는 키 작은 사내가 앉아 있었다. 등까지 굽어 초라한 몰골이지만 날카로운 눈매는 범상치 않아 보였다. 사내는 추위 때문에 곱은 손을 호호 불며 펜에 잉크를 묻혔다. 철창 밖에는 검은 셔츠를 입은 파시스트 대원들이 행진하고 있었다. 비좁은 감방을 울리는 군홧발 소리 속에서 글을 쓰려니 로마에 있는 의사당에서 공산당 당수이자 의원 신분으로 베니토 무솔리니를 강하게 비판하는 연설을 하던 장면이 떠올랐다. 파시즘의 광기에 휩싸인 이탈리아판 '긴급 조치'에 맞서다가 이곳에 끌려올 때까지 숨막힌 몇 달이 주마등처럼 지나갔다. 뭔가 곰곰이 생각하던 사내는 힘찬 필체로 쓰기 시작했다. 'Il Moderno Principe.'

《군주론》을 쓴 마키아벨리를 모르는 사람은 없다. 그러나 〈현대의 군주론Il Moderno Principe〉을 쓴 정치인이자 사상가 안토니오 그람시Antonio Gramsci를 아는 사람은 그리 많지 않다. 그람시는 '정통 마르크스레닌주의'('구좌파')에 맞선 '신좌파'의 효시다. 블라디미르 일리치 레닌Vladimir Ilich Lenin은 소련과 동유럽, 제3세계에 큰 영향을 줬지만, 현실 사회주의가 몰락한 뒤 더욱 주목받은 그람시는 유러코뮤니즘 등 서유럽 진보 사상에 커다란 흔적을 남겼다. 그람시를 낯설어 하는 보수적 이론가는 물론 보통 사람들조차 자기도 모르게 일상에서 그람시의 이론과 용어를 쓰고 있을 정도다. 바로 '시민사회'와 '헤게모니'다. 그람시는 이 잊힌 개념들을 복원하고 새로운 의미를 더해 현대화한 장본인이다.

경제학자 존 케네스 갤브레이스John Kenneth Galbraith는 우리가 자기도 모르게 카를 마르크스의 이론을 받아들이고 있다면서 이렇게 말했다. "우리는 모두 마르크스주의자다." 마찬가지로 이런 말을 할 수도 있겠다. "우리는 모두 그람시주의자다."

이탈리아 하면 우리는 미켈란젤로나 레오나르도 다빈치 등을 먼저 떠올린다. 많은 사람이 이탈리아로 관광 여행과 예술 기행을 떠난다. 그렇지만 이탈리아는 마키아벨리와 그람시라는 정치사상가를 낳은 '사상의 나라'이기도 하다. 고문과 유배에 시달린 마키아벨리와 10년 넘는 수감 생활을 견뎌낸 그람시는 왕정 복구와 파시즘이라는 '반동의 시대'를 온몸으로 살다 간 '시대의 반항아'다. 둘 다 불가능해 보이는 꿈을 꿨고, 불멸의 대작을 남겼다. 도널드 트럼프 미국 대통령이 상징하는 극우 포퓰리즘이 유행하는 오늘날의 세계는 두 사람이 살던 시대하고 비슷한 점이 많다. 그래서 나는 이 두 사람의 흔적을 찾아 이탈리아 사상 기행을 떠나려 한다.

—

그람시는 학부를 마치고 미국 유학을 가서 처음 접했다. 늦게 알게 된 사상가인 셈이다. 그 뒤 고민이 있을 때면 찾아보는 '사상 가이드'가 됐고, 지금도 마찬가지다. 그람시가 쓴 글이 익숙하고 그람시 전기도 오래전에 읽었지만, 그래도 사상 기행을 떠나는 만큼 이것저 것 자료를 찾아 읽었다. 그람시가 태어난 사르데냐^{Sardegna} 섬, 대학 을 다니고 노동운동을 한 토리노^{Torino}, 의원으로 활동하고 죽은 뒤 묻힌 로마^{Roma}, 수감돼 있던 투리를 들르기로 했다.

마키아벨리는 대부분의 사람이 그렇듯 고등학교 시절에 알게 된 뒤 오래전에 조금 읽은 기억밖에 없었다. 《군주론》과 《로마사 논고》 를 비롯해 마키아벨리가 쓴 책들, 마키아벨리에 관해 루이 알튀세르 Louis Althusser가 쓴 글 등을 다시 펼쳤다. 전기를 여러 권 읽으면서 몇 몇 문구에 가려진 이 사상가를 재평가하게 됐다. 주요 활동 무대인 피렌체^{Firenze}, 외교 사절 등 공무를 수행하느라 돌아다닌 로마 교황 청, 이몰라^{Imola}, 피사^{Pisa} 등을 찾아가기로 했다.

피렌체를 가는 김에 그곳 출신인 알리기에리 단테, 피사와 피렌체 에서 활동한 갈릴레오 갈릴레이의 행적도 살펴보고, 다빈치의 고향 빈치^{Vinci}도 들르기로 했다. 단테와 갈릴레이는 마키아벨리나 그람시 처럼 시대하고 불화한 비판적 지성이었고, 단순한 예술가를 넘어 '전 인적 인간의 표본'으로 일컬어지는 다빈치와 마키아벨리의 삶은 밀접 히 연관돼 있었다.

교통수단도 변수였다. 비행기를 타고 바리로 날아가 차를 빌려 투리를 다녀온 뒤, 로마로 돌아와 기차를 타고 피렌체로 가야 했다. 피렌체에서 다시 차를 빌려서 이몰라, 빈치, 피사를 거쳐 토리노로 가 기로 했다. 피사에서 토리노로 가는 길은 꽤 길었다. 고속도로로 가

느니 바닷가 경관이 수려한 친퀘테레Cinque Terre를 거쳐 크리스토퍼 콜럼버스의 고향이자 세계 최초의 자본주의 패권국인 제노바를 들르기로 결정했다. 그람시 기일인 4월 27일에는 그람시 생가에서 열리는 추모제에 맞춰 사르데냐에 머물기로 했다.

일정을 거의 다 짰는데, 지중해 전문가인 유재원 한국외국어대학교 교수가 시칠리아 여행을 같이 가자고 제안했다. 팔레르모Palermo에서 칼리아리Cagliari까지 가는 동쪽 코스만 동행하기로 했다. 그렇게 해서 2019년 4월 9일에서 30일까지 22일 동안 인천-로마-투리-로마-시칠리아(팔레르모-체팔루Cefalu-타오르미나Taormina-카타니아Catania)-로마-피렌체-이몰라-피사-빈치-친퀘테레-제노바-토리노-사르데냐(칼리아리-노라Nora-누라게 수 누락시Nuraghe Su Nuraxi-타로스Tharros-알게로Alghero-보사Bosa-사싸리Sassari-카스텔사르도Castelsardo-누오로Nuoro-길라르차Ghilarza-칼리아리)-로마-인천으로 이어지는 여정이 확정됐다. 시칠리아와 사르데냐라는 두 큰 섬에 더해 본토의 남동쪽 끝에서 북서쪽 끝까지 가로지르는 큰 여행이 되고 말았다. 다룰 사람도 마키아벨리와 그람시를 비롯해 단테, 다빈치, 갈릴레이, 콜럼버스, 주세페 가리발디, 카를로 레비까지 늘어났다.

어떻게 쓸까 많이 고민했다. 그람시와 마키아벨리를 중심으로 한 여정이지만, 순서가 뒤죽박죽이고 다른 도시도 많이 들르는 만큼 '탐구의 순서'를 따라가면 혼란스러울 수 있었다. 마키아벨리와 그람시를 나누면 두 사람하고 관계없는 여러 도시가 빠져서 여행이 주는 생생함을 살릴 수 없었다. 고민 끝에 여행한 순서대로 썼지만, 마키아벨리를 다룬 부분(8, 9, 11, 12장)과 그람시를 다룬 부분(1, 2장, 17~23장)을 따로 읽어도 좋겠다.

—

책을 쓰면서 여러 사람의 도움을 받았다. 이탈리아를 같이 여행하면서 '시대의 반항아'들이 느낀 고독을 함께 음미한 세 분에게도 고마움을 전하고 싶다. 먼저 '평범하지 않은 사람' 최풍만 씨다. '돈의 노예가 되는 삶'이 싫어 직장을 그만두고 '이름 없는 시민'으로서 사회운동에 참여하다가 돈 쓸 일이 생기면 일하는 자유로운 삶을 산다. 이번 여행에서 전문 운전사에 맞먹는 실력을 발휘했다. 그람시를 오래 연구한 김원식 서울사회문화연구원 원장은 아픈 내 어깨를 마사지해 풀어줬고, 실천적인 전직 교사 하혜영 씨 덕에 맛있는 한식을 차려 향수병을 달랬다. '이탈리아 전문가'인 김종법 대전대학교 교수는 여행 일정부터 음식까지 많은 도움을 줬다.

마키아벨리와 그람시를 다룬 부분은 《경향신문》에 연재했다. 경향신문사 김희연 부장 등 감사드릴 분이 많다. 책을 쓰면서 신문 지면에 싣지 못한 내용을 많이 보강했다. 인물은 단테, 갈릴레이, 다빈치, 콜럼버스, 가리발디, 레비 등을, 지역은 시칠리아, 빈치, 제노바, 친퀘테레, 마테라 등을 새로 다뤘다. 정성을 들여 책을 만든 제자 정철수 이매진 대표도 고맙다. 마지막으로 정년 뒤에도 집에 붙어 있지 않고 외국과 지방으로 나도는 나를 관대하게 이해해주는 아내와 딸

고은이에게 이 자리를 빌려 감사의 마음을 전하고 싶다.

제목은 그람시하고 함께 로마 비가톨릭 공동묘지에 묻혀 있는 시인 존 키츠가 묘비에 새겨달라고 한 문구에서 따왔다. 이탈리아 사상 기행을 마무리하는 시점에 만난 짧은 문장이지만, 긴 여운을 남기고 깊은 울림을 줬다.

책을 쓰는 동안 세계는 코로나19 팬데믹으로 쑥밭이 됐다. 특히 이탈리아는 유럽에서 가장 큰 타격을 받았다. 팬데믹 희생자들을 추모하면서, 이제 마키아벨리와 그람시를 찾아, 그리고 다빈치와 단테, 갈릴레이와 콜럼버스, 가리발디를 만나러 이탈리아로 함께 '지상 여행'을 떠나자.

2020년 8월 분당에서

차례

그람시가 남긴 옥중 노트 1권 표지.

1장

투리 1
《옥중수고》가 탄생한 곳

1929년 초 이탈리아. 채 150센티미터도 되지 않는 작은 키에 등까지 굽었지만 눈매가 날카로운 한 사내가 좁은 독방에 앉아 있다. 추위로 곱은 손을 호호 불며 잉크병에 펜을 넣는다. 철창 밖에는 군홧발 소리가 요란하다. 그 시절 이탈리아 곳곳을 휩쓸고 다닌 파시스트 민병대 '검은셔츠단' 대원들이었다.

소음을 견디며 글을 쓰려 하자 숨막히던 지난 몇 달이 주마등처럼 스쳐지나갔다. 로마에 있는 의회에서 공산당 당수이자 국회의원으로서 베니토 무솔리니를 강하게 비판하는 연설을 했다. 파시즘의 광기 속에 이탈리아판 '긴급 조치'를 위반한 혐의로 구속돼 이곳에 끌려왔다. 로마 특별 법원에서 열린 형식적인 재판에서 검사가 마지막 논고 때 한 말이 귓전에 생생했다.

"우리는 이 두뇌를 20년 동안 기능하지 못하게 해야 합니다."

검사가 20년을 구형하자 판사도 20년형을 선고했다. 정확히 20년

그람시가 옥중 노트를 쓴 투리 교도소의 신비로운 모습.

4개월 5일형이었다. 사내는 힘찬 필체로 종이에 글씨를 쓰기 시작했다. '현대의 군주론.'

감옥에 갇혀 글을 쓰고 있는 사람은 안토니오 그람시였다. 20세기의 가장 뛰어난 좌파 사상가이자 '서구 마르크스주의'와 '신좌파'의 효시인 그람시. 이탈리아 남부의 소도시 투리에 자리한 교도소는 현대의 고전으로 불리는 〈현대의 군주론〉을 비롯해 《옥중 수고》가 탄생한 역사적 현장이다.

감옥은 글쓰기 작업실

"아니, 이게 뭐야!"

주린 배부터 채워야 했다. 투리에는 밤늦게 여는 식당이 한 곳뿐이었다. 안으로 달려 들어가려다가 나도 모르게 고함을 지르고 말았다. 식당 뒤편에 검은 밤하늘을 배경으로 초록색 조명을 켠 철창 건물이 나타난 때문이었다.

투리 교도소였다. 높은 담장과 날카로운 철조망, 그 위로 보이는 교도소 건물이 초록색 조명을 받아 검은 밤하늘에 대비되고 있었다. 이탈리아 사상 기행의 첫 목적지치고는 너무도 초현실적인 한 폭의 회화였다. 이곳을 찾아오느라 겪은 모든 피로가 사라지는 듯했다.

그람시를 찾아가는 여정의 출발점인 바리는 로마에서 동남쪽으로 400여 킬로미터 떨어진 항구 도시다. 남부 이탈리아에서 나폴리

우여곡절 끝에 간신히 들어간 민박집(위).
음식의 천국 이탈리아에서 먹은 첫 끼니(아래).

다음으로 크다. 아프리카가 가까운 탓에 요즘 난민이 많아져서 혼잡스럽고 잔 범죄가 많으니 조심하라는 주의를 받았다.

처음에는 로마 시내에서 하룻밤 쉰 뒤 다음날 아침에 바리로 가는 국내선 비행기를 탈 계획이었다. 공항에서 시내를 오가는 수고를 덜려고 로마 공항 수하물 보관소에 짐을 맡긴 뒤 바리로 날아갔다. 바리에 도착하니 밤 9시가 넘는 시각이었다. 부랴부랴 예약한 차를 찾아 50킬로미터 떨어진 투리로 향했다. 좁은 도로에는 가로등도 없고 지나가는 차도 거의 보이지 않았다. 길도 엉망이라 한 시간이 넘게 걸렸다.

투리는 1만여 명이 사는 소도시다. 볼거리도 딱히 없어서 해외 여행자는커녕 이탈리아 사람들도 별로 찾지 않는 곳이다. 한국인이 거의 가본 적 없을 이 작은 도시에는 제대로 된 호텔조차 없었다. 불 꺼진 도시에서 내비게이션이 지시하는 대로 골목을 몇 차례 돈 끝에 예약한 민박에 도착했다.

"수고했어! 드디어 도착했네!"

서울을 떠나 이탈리아에 도착해 국내선으로 갈아타고 밤 운전까지 20시간을 달려온 피로가 몰려왔다. 숙소는 불이 모두 꺼져 있고 초인종을 눌러도 인기척이 없었다. 체크인 마감은 밤 11시이고 밤 10시에서 11시 사이에 도착한다는 이메일까지 보냈는데, 황당하기만 했다. 간신히 번호를 찾아 전화를 했지만 받지 않았다. 처음부터 꼬이는 기분이었다. 내가 보낸 메일은 열어보지도 않은 걸까? 우리가 늦은 시간까지 오지 않아서 퇴근한 걸까? 오늘 우리가 오는지도 모르고 있는 걸까? 민박을 운영하기는 하지만 손님이 없어 개점휴업 상태인 걸까?

가장 가까운 숙소는 바리에 있었다. 바리로 가서 자고 아침에 다시 오기로 했다. 그래도 미련이 남아 마지막으로 한 번 전화를 했더니 이번에는 받았다. 잠자다 깬 민박집 주인이 뭐라고 말했지만, 우리는 이탈리아어를 모르고 주인은 영어를 못했다. 30분 뒤 숙소에 들어갈 수 있었다.

짐을 풀고 나자 긴장이 풀렸다. 저녁을 건너 뛴 탓에 미친 듯이 배가 고팠다. 다행히 문을 연 식당이 한 곳 있었다. 안도의 한숨을 내쉬며 다시 내비를 켰다. 그렇게 마을 중심가에 자리한 식당에 들어가려던 우리 앞에 투리 교도소가 초현실적인 모습을 드러냈다.

감옥의 추억

우리가 이탈리아에서 만날 사상가들은 다빈치, 갈릴레이, 단테, 콜럼버스, 가리발디 등 여럿이지만, 주인공은 마키아벨리와 그람시다. 두 주인공 중에서 《군주론》을 쓴 마키아벨리를 모르는 사람은 없다고 말해도 지나치지 않지만, 그람시를 아는 사람은 찾기 힘들다.

소련과 동유럽, 제3세계에 영향력이 큰 레닌에 견줘, 그람시는 유러코뮤니즘 등 서구 마르크스주의와 신좌파에 많은 기여를 한 이탈리아의 정치인이자 사상가다. 그람시가 남긴 저술은 소련과 동구가 몰락한 뒤 더욱 주목받으면서 영어로 계속 번역되고 있다. 보수적 이론가들, 아니 이 이탈리아 사람의 이름조차 모르는 보통 사람들이 자기도 모르는 사이에 그람시의 이론을 받아들이거나 그람시가 만든 용어를 쓰고 있다. '시민사회'와 '헤게모니'가 대표적이다. 그람시는 이 잊힌 개념들을 복원하고 현대화해 우리가 지금 쓰는 용어로 만들었다.

"우리는 모두 마르크스주의자다." 《불확실성의 시대》를 쓴 경제학자 존 케네스 갤브레이스가 한 말이다. 보수주의자들 중에 마르크스를 혐오하는 사람이 많지만, 그런 이들조차 모르는 사이에 마르크스의 이론과 개념을 받아들이고 있다는 뜻이었다. 따라서 이런 말도 할 수 있겠다. "우리는 모두 그람시주의자다." 갤브레이스보다 수십 년 전, 그람시는 26살 때인 1917년에 쓴 글 〈우리의 마르크스〉에서 주장했다. "우리가 의식하든 안 하든, 우리는 모두 조금씩은 마르크스주의자다." 그람시가 한 말을 빌려서 다시 말해보자. "우리가 의식하든, 안 하든 우리는 모두 조금씩 그람시주의자다."

아무리 그람시를 찾아온 진지한 여행이라지만 배가 너무 고팠다. 나폴리식 피자, 한국에서는 먹을 기회가 별로 없는 쌀알 모양 리소니 파스타, 작은 버섯 모양 푼게티 파스타를 시켰다. 늦은 밤 낯선 음식들을 먹으며 이탈리아가 왜 음식 천국인지를 실감했다. 이 음식들을 안주 삼아 레드 와인을 마시며 창밖에 초록색으로 빛나는 교도소를 바라보고 있자니, 감옥에 간 대학교 2학년 때가 떠올랐다.

학교를 일찍 들어간 나는 대학교 2학년 때 만 18살 미성년자였다.

어린 나이에 덜덜 떨 수밖에 없었다. 신고식이 무섭다는 소문을 들은 때문이었다. 감방에는 너덧 명이 푸른 수의를 입고 앉아 있었다. 최고참으로 보이는 재소자가 물었다.

"너 몇 학년이야?"

안도감이 들었다. '몇 학년이냐고 묻는 걸 보니, 내가 흉악범이 아니라 데모하다가 들어온 대학생인 줄 알고 있구나. 신고식을 심하게 시키지는 않겠지.'

"2학년인데요."

고참은 얼굴이 살벌해지더니 다시 물었다.

"너 이 새끼, 1학년 때 뭐로 들어왔어?"

"예? 1학년 때요?"

'학년'은 전과 횟수를 세는 감방 은어였다. 2학년이라고 대답하니까 전과 2범이라는 줄 안 모양이었다. 전과 5범부터는 석사 과정, 7범부터는 박사 과정이라고 불렀다.

옥중 수고, 감옥 노트

추억의 책장을 넘기자 《옥중수고》에 담긴 주옥같은 구절들이 줄줄이 떠올랐다. 저 철장 넘어 감방에서 아픈 몸으로 책상에 앉아 진보의 발전을 위해 날마다 피로 글을 쓴 그람시를 생각했다.

병 때문에 로마에 있는 병원으로 이감될 때까지 그람시는 7년 동안 노트 30권에 3000여 쪽에 이르는 원고를 썼다. 날마다 한 장 넘게 쓴 꼴이다. 좌파 사상가 중에는 마르크스와 레닌 정도가 그람시에 견줄 만하다. 마르크스는 여섯 자녀 중 셋을 가난과 질병으로 잃고 망명과 추방으로 얼룩진 삶 속에서도 런던 대영박물관 도서관에 틀어박혀 필생의 대작 《자본》을 썼다. 레닌은 자식이 없어 그 정도로 고통받지는 않았지만, 망명과 투쟁의 현장에서 많은 글을 쓰다가 건강을 해쳤다. 마르크스와 레닌은 적어도 육체와 정신이 자유로운 상태에서 글을 썼지만, 그람시는 심신이 모두 자유롭지 못한 상태에 놓여 있었다. 감옥에 갇힌 몸으로 무솔리니가 이끄는 파시스트 정부를 의식해서 자체 검열까지 해야 했다. 글을 쓰면서 겪은 시련으로 따지자면 그람시가 으뜸이다.

'옥중수고'라는 번역어에 관해 한마디하자. 그람시가 손으로 쓴 원고를 묶은 책이니 '옥중수고'라는 제목이 틀리지는 않았다. 그런데 이 책의 영어판 제목은 'Prison Manuscripts'가 아니라 'Prison Notebooks'다. 이탈리아판도 마찬가지다. '노트'에 쓴 원고라서 제목에 '노트'가 들어갔다. 올바른 번역은 '옥중 노트'다.

다시 그람시로 돌아가자. 투리 교도소에 도착한 그람시는 당국에 항의했다. "나는 국회의원으로 재직하다가 체포됐다. 따라서 추기경이 체포될 때 허용되는 수준의 대우는 받아야 한다. 그런데 일개 잡범보다 못한 취급을 받고 있지 않은가." 무엇보다도 이런저런 질병을 제대로 치료받고 싶어했지만, 상황은 좋지 않았다. 교도소 주치의는 야간에 긴급 환자가 생겨도 고액 진찰료를 안 주면 왕진을

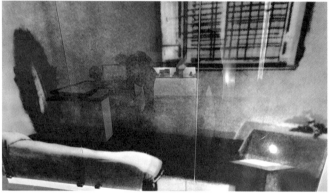

그람시가 감옥에서 읽은 책들(위).
투리 교도소에 보존된 그람시 독방(아래).

거부할 정도로 악랄한 사람이었다. 당연히 그람시를 방치했고, 항의하면 독설을 퍼부었다. "너 같은 놈은 차라리 죽어버리는 게 나아."

그람시는 자기 신분이나 건강 상태를 이유로 특권을 요구하거나 감형을 탄원하지는 않았다. 금고형으로 감형해달라고 탄원하려는 가족들에게 그런 말은 꺼내지도 말라며 화를 냈다. "나는 누구 앞에도 무릎 꿇을 생각이 없고, 내 삶의 방식을 조금이라도 바꿀 생각이 없어. 그런 말이 나돈다는 사실만으로도 내가 권력에 굴복했다고 오해받을 수 있어." 그렇지만 필기도구 소지, 독서, 의무실 가기, 독방 사용 등 법에 규정된 사항은 철저하게 요구했다.

무솔리니 정권이 처음부터 집필권을 허가하지는 않았다. 투리에 도착하자마자 그람시는 가족들에게 편지를 썼다. "내 경우에 수감 생활이 어려운 이유는 (아무런 지적 활동을 할 수 없다는) 지적 게으름이야. …… 종이와 펜을 지급하라고 법무부에 계속 집필 허가를 신청해주기를." 투리에 도착한 뒤 얼마 지나지 않아 동생에게 쓴 편지에서도 글을 쓰려는 의지를 불태웠다. "필기 연습을 하고 있어. 연습은 이미 충분히 했지." 일단 무시하던 무솔리니 정권도 결국 집필을 허가할 수밖에 없었다.

그람시가 투리 교도소에 갇힌 1920년대 후반은 조선공산당 지도자 박헌영이 파시즘 체제인 일제 식민 당국에 구속된 때하고 거의 비슷한 시기였다. 박헌영은 신체의 자유는 말할 것도 없고 글 쓸 권리까지 모두 빼앗겼는데, 똥을 먹는 등 미친 사람처럼 행동해 겨우 병보석으로 풀려났다. 일본 제국주의의 감옥하고 다르게 무솔리니의

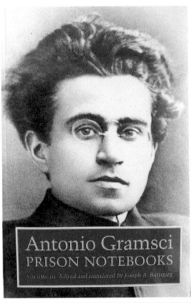

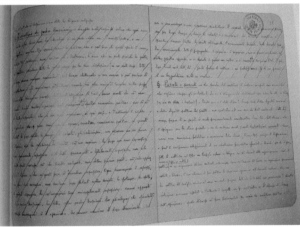

《옥중수고》영어판 표지(위).
옥중 노트 원고(아래).

감옥은 '이탈리아 빨갱이의 괴수'라 할 수 있는 그람시에게 집필을 허용했다. 일제가 박헌영에게 집필권을 허용했다면 한국 현대사는 어떻게 바뀌었을까?

이승만, 박정희, 전두환 시절을 거쳐 노태우 정부와 김영삼 정부 초기까지 한국 감옥은 집필을 허용하지 않았다. 파시즘의 상징인 무솔리니의 감옥이 일제 강점기 한국의 서대문형무소는 말할 것도 없고 해방 뒤 극우 독재 정권 시기의 감옥보다도, 아니 1987년 민주화 초기 때의 감옥에 견줘 '인간적'이고 '민주적'이었다. 한국 감옥에 갇혀 있었다면 그람시는 《옥중수고》 같은 글은 쓸 수 없었다.

국가와 시민사회

옥중 노트에서 그람시는 마키아벨리부터 베네데토 크로체, 조르주 소렐, 나아가 파시즘의 정신적 지주가 된 엘리트주의자 빌프레도 파레토 같은 여러 학자를 다뤘다. 주제도 이탈리아 역사, 파시즘, 포드주의, 아메리카주의, 문화와 민속, 지식인 등 넓은 분야에 걸쳤다. 파시즘 성장기를 감옥에서 지낸 그람시는 많은 좌파 지식인이 씨름한 화두, 지금도 좌파들이 껴안고 있는 숙제를 고민하고 또 고민했다.

왜 우리를 지지하리라고 기대한 노동자와 빈민 같은 피지배 대중이 파시즘과 '사악한' 자본주의를 지지할까? 이런 조건 아래에서 좌파는 어떻게 해야 대중의 지지를 얻고 사회를 변혁할 수 있을까? 무장봉기로 체제를 무너트린 러시아하고 다르게 이탈리아 같은 서구에서 변혁은 어떤 방식으로 가능할까?

그람시가 찾은 해법은 시민사회론, 헤게모니론, 진지전이다. 많은 사회 이론가, 특히 좌파는 사회가 '토대'인 경제와 '상부구조'인 국가로 구성된다고 봤다. 이런 관점은 꽤 널리 퍼져 있다. 이를테면 김대중 정부는 '민주주의와 시장경제의 병행발전'을 국정 목표로 삼았다. 권위주의적 정치 또는 국가는 민주주의로 바꾸고 국가 주도형 관치경제는 시장 경제로 대체한다는 말이었다. 전형적인 토대–상부구조 이분법이다. 그람시는 상부구조가 국가만이 아니라 '시민사회'로 구성된다고 생각했다. 국가와 토대 사이에 시민사회가 자리한다는 주장이었다. 그람시는 지식인 문제를 살피면서 이렇게 말한다.

우리는 상부구조의 중요한 두 가지 '수준'을 고정시킬 수 있다. 하나는 '시민사회'라고 불릴 수 있는 수준, 곧 '사적'이라고 불리는 유기체들의 총체이고, 다른 하나는 '정치사회' 또는 '국가'라고 불릴 수 있는 수준이다. 이런 두 수준은 한편으로 지배 집단이 사회 구석구석에 행사하는 '헤게모니' 기능에, 다른 한편으로는 국가와 법률상의 정부를 통해 행사되는 '직접적 지배'나 통치 기능에 조응한다.

'국가'가 청와대, 군대, 경찰, 각 부처 등 '정부'라는 '공적' 조직의 총체라면, 언론, 교회, 동문회, 자발적 결사체, 향우회 등 '사적' 조직을 모두 포함한 개념이 '시민사회'다. 어느 정치 체제건 강제력(또는 직접적 지배)과 헤게모니(또는 적극적 동의)라는 두 기제를 통해 지배하는데, 국가가 강제력을 맡는다면 헤게모니는 시민사회의 몫이 된다. 이런 이론화에 기초해 그람시는 러시아와 서유럽을 비교한 비교 사회학적 분석을 제시한다. 러시아와 유럽을 시민사회라는 틀을 이용해 비교한 셈이다.

러시아에서는 국가가 모든 것이었고, 시민사회는 아직 원시적이고 무정형적인 것이었다. 서구에서는 국가의 시민사회 사이에서 적절한 관계가 형성돼 있었고, 국가가 동요할 때는 곧바로 시민사회의 견고한 구조가 모습을 드러낸다. 국가는 단지 외곽에 둘러친 바깥쪽 참호에 불과하고, 그 뒤에는 요새와 토루의 강력한 체계가 버티고 있다.

잊지 말아야 한다. 그람시는 단순히 러시아와 유럽의 차이 그 자체에 관심이 있는 강단 학자가 아니라 혁명가다. 관심의 초점은 이런 차이에 담긴 실천적 함의다.

무솔리니 정권의 검열을 거쳐야 하기 때문에 혁명론은 이 문장 바로 뒤에 이어지지 않고 다른 곳에서 간접적으로 다룬다. 러시아는 시민단체 등 사적 조직이 성숙하지 않고 강력한 국가가 거의 모든 것을 지배하기 때문에 무장봉기를 일으켜 물리력을 무력하게 하자 체제가 무너지고 혁명도 성공했다. 이렇게 체제가 국가의 물리력에 의존하는 곳에서는 여기에 전면으로 부딪쳐 무력하게 만드는 '전면전'이 합당한 혁명 전략이다.

서구는 다르다. 국가 뒤에 언론, 교회, 시민단체, 사적 조직체 등이 발달한 강력한 시민사회가 자리잡고 있는 서구는 국가의 물리력을 무력하게 해봐야 그 뒤에 숨은 진짜 요새인 시민사회가 나타난다. 한국식으로 말하면, 국가가 무력해질 때 전국경제인연합회(전경련) 등 재벌과 자본들의 조직, 보수 언론과 근본주의적 기독교 단체, 태극기 부대 같은 진짜 요새가 나타난다. 다시 말해 서구 자본주의 체제는 국가의 물리력이 아니라 그 뒤에 숨겨진 시민사회에 기초한 헤게모니에 기반해 지탱된다. 따라서 서구에서 변혁이 성공하려면 시민사회에 진보적 언론과 사회단체 같은 대항 요새들을 구축해 장기적인 '진지전'을 벌이면서 대항적인 정치적 주도권과 윤리적 주도권을 확대해 헤게모니를 확보해야 한다.

프랑스와 에스파냐 등에서 강력한 절대 왕정이 등장하던 시기에 여러 도시 국가로 나뉘어 식민지로 전락하는 이탈리아를 지켜본 마키아벨리는 통일 국가를 이끌 선구적인 군주를 그리며 《군주론》을 썼다. 이런 역사를 떠올리면서 그람시는 자기가 쓰는 글의 핵심이 되는 부분에 '현대의 군주론'이라는 제목을 붙였다. 글 속에 직접 드러나지는 않지만, 새로운 헤게모니를 구축하는 작업을 이끌 '현대의 군주'는 바로 공산당이었다. 감옥에 갇힌 채 검열을 받으면서 글을 써야 하는 만큼 공산당 대신 '현대의 군주'라는 은유를 사용했다. 마르크스주의도 '실천 철학'이라는 말로 바꿔야 했다.

무솔리니 옷을 입은 박정희

먼 거리를 달려와 피곤했지만 흥분 탓인지 깊이 잠들 수 없었다. 밤새 그람시, 무솔리니, 무솔리니의 옷을 입은 박정희하고 씨름하다 보니 창밖이 밝아졌다. 감옥에 보내고 대학에서 쫓아내고 강제로 군대에 보낸 박정희가 내게는 무솔리니인 걸까? 왜 투리까지 와서 꿈에 무솔리니 옷을 입은 박정희가 나타나는 걸까?

몇 년 전 처음으로 위내시경 검사를 받았다. 수면 내시경이라 깜빡 잠이 들었는데, 눈을 뜨니 의사가 보였다. 거의 20년 동안 몸이 아플 때면 찾아가는 주치의나 다름없는 사람인데, 얼굴이 심상치 않았다. '아, 암이구나.' 최대한 동요하지 않으려 했다.

"그래, 몇 기예요?"

"몇 기가 아니라, 교수님, 왜 박정희 욕을 그리 하세요?"

"아니, 무슨?"

잠에 빠진 내가 '박정희 개새끼' 같은 욕을 계속 내뱉은 모양이었다. 어린 나이에 잡혀가 고문당하고 감옥 가고 대학도 잘렸다지만 수십 년이 지난 지금까지 잠재의식 속에 박정희를 향한 증오가 남아 있다니, 놀라운 한편으로 수양이 덜 된 내가 부끄러웠다. 그런데 이탈리아에 오니 다시 무솔리니 옷을 입은 박정희가 꿈에 나타났다.

이탈리아 국기와 유럽연합 기를 내건 투리 교도소 정문.

2장

투리 2
가장 아름다운 우정

피곤한 몸을 일으켜 이른 아침에 마을을 한 바퀴 돌았다. 로마에서 비행기로 한 시간 날아와 다시 차로 한 시간 달려온 오지의 소도시다웠다. 유죄 판결을 받은 그람시는 요독증 등 이런저런 질병에 찌든 몸으로 12일 동안 이 오지로 실려 와 감옥에 갇혔으니, 내가 한 고생은 고생도 아니었다.

끔찍한 여행, 불안한 미래

투리에 도착한 뒤 가족에게 쓴 편지(1928년 7월 20일자)를 보면, 그람시가 이송 도중에 겪은 고통을 짐작할 수 있다.

로마에서 투리로 가는 여행은 끔찍했습니다. 로마에 머물 때 겪은 통증은 시작일 뿐이었습니다(아마 간 때문이라고 생각합니다만). 정말 믿기 어려울 정도로 아팠습니다. 베네벤토에서 이틀을 머물렀는데, 통증 때문에 온몸을 벌레처럼 비틀면서 앉지도 못하고 누울 수도 없었습니다.

얼마나 고통이 컸는지 한 달 뒤에 쓴 편지(1928년 8월 27일자)에서는 이감을 탄원하는 가족들에게 당장 그만두라고 단호하게 말했다.

이감은 생각도 마십시오. 다시는 여행을 안 할 겁니다. 지난번 여행이 너무 힘들어서, 그때 겪은 야만적 조건에서 아직 회복되지 않았습니다. 20일 동안 한잠도 못 잤습니다!

육체적인 고통도 고통이지만, 낯선 도시 투리에서 지내는 미래가 어떨지 몰라 불안한 마음도 그람시를 괴롭혔다. 대학교 2학년 때 경상남도 통영 사량도에서 붙잡혀 배를 타고 통영으로, 통영에서 버스로 갈아타고 부산으로, 부산에서 다시 기차에 실려 서울로 잡혀오며 느낀 불안이 떠올랐다. 1971년 봄 박정희와 김대중이 7대 대통령 선거에서 맞붙었다. 대학생들은 관권을 이용한 부정 선거를 막으려 선거참관인단을 만들었다. 많은 부정 선거 사례를 목격한 우리는 대학생 선거참관인단 대표 자격으로 야당인 신민당 당사를 방문해 당대표 등을 만나고, 부정 선거 진상 조사와 총선 보이콧을 제안했다. 면담을 마치고 나오는데 사복 경찰이 우리를 체포하기 시작했다. 다행히 도망친 나는 겁도 없이 아는 목사를 따라 총선 선거참관인단에 합류해 남쪽 끝 사량도로 갔다. 배에서 내리는데 경찰이 다가와 신분증을 요구했고, 전화로 신원을 확인하더니 체포했다. 그람시는 20년형을 선고받고 로마에서 투리로 왔고, 나는 조사를 받으려 사량도에서 서울로 끌려와야 했다. 불안한 미래를 떠안고 긴 여정을 실려 오는 기분은 마찬가지 아니었을까.

교도소의 도시 투리

이른 아침 산책을 하며 마주친 투리 사람들은 모두 의아해하는 표정이었다. 여행자가 별로 찾지 않는 오지에 나타난 동양인들이 아침을 먹을 곳은 마땅치 않았다. 숙소에서 아침을 먹으라며 쿠폰을 준 식당을 찾아갔지만, 가는 날이 장날이라고 정기 휴일이었다. 한참을 헤매다니는데 사람들이 커피를 마시고 있는 카페가 보였다. 정통 이탈리아식 브런치는 아니지만 커피를 곁들여 빵을 먹었는데, 신기한 동양인을 향해 쏟아지는 시선이 따갑기만 했다.

한가운데 자리한 사거리가 중심가였다. 호젓한 시내를 한 바퀴 돌아보고는 멀지 않은 투리 교도소로 향했다. 가톨릭 국가답게 '신의 어머니 마리아'라고 쓴 성모 마리아상과 추기경 동상이 눈에 띄었다. 옆에 세워놓은 지도 한 장으로 투리를 한눈에 파악할 수 있었다. 지도가 알려준 대로 조금 걸어가니 투리 교도소가 나타났다.

인구 1만 명인 소도시 투리의 중심가에 선 세 한국 사람.

조명이 꺼진 한낮의 교도소는 밤에 본 모습하고는 너무 달랐다. 교도소 하면 으레 떠오르는 높고 긴 회색 담을 돌아가자 정문이 나타났다. 안으로 들어가려다가 먼저 사진부터 찍자는 생각이 들어 카메라를 들자 제복 입은 사람이 뛰어나와 손사래를 치며 가로막았다. '왜 사진을 못 찍게 하지? 그람시가 머문 감옥이면 유적지 아닌가?' 궁금하지만 말이 통하지 않으니 물을 수도 없었다. 그러고 보니 교도소 벽에는 사진 촬영을 금지한다는 팻말이 여기저기 걸려 있었다.

이 건물은 아직도 감옥으로 쓰이고 있었다. 여행 준비를 꼼꼼히 했지만, 인터넷에는 이런 정보가 전혀 없었다. 그람시가 머문 감방을 돌아보려는 계획은 포기해야 했다. 나중에 사르데냐에 자리한 그람시 생가 기념관에서 감방 사진을 볼 수 있었지만, 여기까지 와서 들어가지 못하게 되니 실망스럽기만 했다. 지난밤에 환상적인 사진을 찍었으니까 그나마 다행이라며 넘어갈 수밖에 없었다. 그때 정문 옆 벽에 붙은 팻말이 보였다. 교도관이 안으로 들어간 사이 얼른 사진을 찍고 빠른 걸음으로 빠져나왔다.

이데올로기를 넘어선 아름다운 우정

아무도 없는 데로 가서 찍은 사진을 보니 팻말이 두 개였다. 위쪽 팻말은 2차 대전이 파시즘의 패배로 끝난 뒤인 1945년 4월 '노동자 대중을 승리로 이끈 그람시를 기념한다'는 내용이고, 아래쪽 팻말은 산

IN QUESTO CARCERE
VISSE IN PRIGIONIA
ANTONIO GRAMSCI
MAESTRO LIBERATORE MARTIRE
CHE AI CARNEFICI STOLTI
ANNUNCIÒ LA ROVINA
ALLA PATRIA MORENTE
LA SALVAZIONE
AL POPOLO LAVORATORE
LA VITTORIA
27 - 4 - 1945

A
SANDRO PERTINI
NEL 40° DELLA ELEZIONE
A PRESIDENTE DELLA REPUBBLICA

MOVIMENTO DIRITTI CIVILI DI PUGLIA
COMITATO "UN BUSTO PER PERTINI"

TURI 2 - 10 - 2018

투리 교도소 정문 옆에 설치된 그람시와 페르티니 기념판.

드로 페르티니를 기려 2018년에 만들었다. 페르티니는 사회당에서 활동한 거물 정치인으로, 국회의장을 거쳐 7대 대통령을 지냈다. 그람시와 페르티니 두 사람의 우정은 지금도 미담으로 전해지고 있다.

　반파시즘 투쟁을 벌이다가 구속돼 1931년 투리 교도소에 갇힌 페르티니는 어느 날 운동장에서 마주친 그람시에게 말을 걸었다. "그람시 선생이시죠. 저는 페르티니라고 합니다. 그런데 저는 당신들이 사회 반역자라고 부르는 사회주의자입니다." 공산당은 전쟁과 제국주의를 지지한 유럽의 사회당들을 사회 파시즘이나 사회 반역자라고 비판하고 있었다. 그람시는 나지막이 대답했다. "잊어버리세요. 그런 모욕은 수치입니다. 저는 그런 평가에 찬성하지 않습니다."

　두 사람의 우정이 시작된 순간이었다. 1년 뒤 페르티니는 질병을 치료하러 병원으로 이송됐고, 몇 년 뒤 그람시는 세상을 떠났다. 1년 만에 끝난 인연이지만 두 사람의 우정은 영원했다. 페르티니는 투리 교도소에서 처음 만난 그람시를 '당통의 아름다운 머리를 한 피그미'라고 회상했다. 프랑스 혁명의 지도자 조르주 당통을 닮은 그람시의 헤어스타일과 작은 키를 조합한 말이었다. 1990년에 세상을 떠난 페르티니는 생전에 존경하는 그람시를 이렇게 평가했다. "내가 만난 가장 강력한 정치적 두뇌이자, 내가 지금까지 알고 있는 사람 중 가장 위대한 문화인이다."

　대통령이 된 페르티니가 1979년에 투리 교도소를 방문했다. 두 사람의 관계를 아는 교도소장이 그람시가 머문 감방을 가보겠느냐고 물었다. 고개를 끄덕인 페르티니는 함께 가려는 소장에게 말했다.

투리 중심가에서 만난 그람시 벽화. 누가 남긴 '붉은 혐오'일까.

"저 혼자 가고 싶습니다." 감방에 들어간 페르티니 대통령은 침대에 걸터앉았다. 그러고는 애정 어린 손길로 침대를 어루만진 뒤 햇볕이 잘 드는 쪽으로 옮겼다. 열쇠 구멍으로 이 모습을 훔쳐본 공보관은 나중에 이렇게 회상했다. "이 세상의 가장 아름다운 우정이었고, 내 인생에서 본 가장 아름다운 장면이었다."

투리 교도소에 갇혀 지내며 너무 고생한 탓에 그람시는 건강이 나빠졌다. 40대 초반에 이빨이 모두 빠지고 소화까지 잘 안 됐다. 그런데도 독일어와 러시아어를 배우려 학구열을 불태웠고, 나중에는 영어와 스페인어도 공부하기 시작했다. 자유로운 몸으로 살고 있는 나는 누구도 꺾지 못한 그람시의 의지를 생각하면서 방금 걸어온 길하고 다른 길을 따라 마을 중심가로 향했다.

그람시는 게이?

중심가 광장 쪽에 과일 파는 가판대가 보였다. 지중해의 햇빛을 머금은 이탈리아 사과는 어떤 맛일까 궁금했다. 탐스런 사과를 보고 있자니 가판대 뒤쪽으로 이어진 기다란 벽을 장식한 이런저런 그림들이 눈에 띄었다. 죽 훑어보다가 파란색 그림에 눈길이 멈췄다. 잘 그리지 못해서 많이 닮지는 않았지만 그람시가 틀림없었다. 반가운 마음에 가까이 다가갔다. 투리가 그나마 내놓을 수 있는 관광 상품이 기껏 그람시인 만큼 중심가에 이 혁명가의 초상을 그려놓은 모양이

었다. 가까이 다가가 카메라를 들이대는데 이마에 써놓은 붉은 글씨가 눈에 띄었다. '게이.'

그람시가 게이라는 이야기는 들어보지 못했다. 누가, 왜 파란 바탕의 그람시 초상에 붉은 혐오의 문구를 써놓은 걸까? 만성 경제 위기에 시달리는 이탈리아는 많은 난민까지 몰려들면서 우익 포퓰리즘이 부상해 극우 정당이 이끄는 연립 정부가 집권한 상태였다. 이탈리아 사회에 널리 퍼진 '빨갱이 혐오' 정서를 보여주는 장면이었다. 그런데 왜 하필 '게이'일까? 홀로코스트 하면 보통 유대인을 떠올리지만, 나치가 유대인 못지않게 탄압하고 학살한 대상이 좌파와 동성애자였다. 반나치 운동가인 마르틴 니묄러 목사는 이렇게 증언했다.

그자들은 처음에는 공산주의자들을 잡아갔다.
그러나 나는 공산주의자가 아니기 때문에 침묵했다.
다음에 그자들은 노조 간부들을 잡아갔다.
그러나 나는 노조 간부가 아니기 때문에 침묵했다.
다음에 그자들은 유대인들을 잡아갔다.
그러나 나는 유대인이 아니기 때문에 침묵했다.
다음에 그자들은 나를 잡으러 왔다.
그러나 그때는 나를 위해 항의할 사람은 아무도 남지 않았다.

게이도 마찬가지다. '독일의 규범'에 어긋난다며 동성애자를 탄압한 나치는 10만여 명을 체포해 5만여 명에게 유죄 판결을 했다. 5000

명에서 1만 5000명이 강제 수용소에 갇혔고, 그중 60퍼센트가 죽었다. 그나마 유대인 학살은 유대인이 지닌 영향력 덕에 일찍부터 알려진 반면 게이 탄압은 2002년에야 독일 정부가 뒤늦게 사과했다.

붉은 혐오를 이겨낼 무지개의 힘

빨갱이 혐오와 성 소수자 혐오는 하나다. 1984년, 마거릿 대처 정부가 노동조합을 공격하자 영국 전국탄광노조NUM는 장기 파업에 들어간다. 런던의 한 동성애 활동가는 파업 중인 노조를 도우려고 모금 운동을 벌인다. 동성애자들은 동성애자들대로 우리 코가 석 자인데 왜 노조를 돕느냐며 반대하고, 노동자들은 우리가 왜 게이한테 도움을 받느냐면서 거부감을 드러낸다. 그 활동가는 노동자와 동성애자가 연대해 함께 싸워야 한다고 주장한다. "노동운동을 향한 혐오와 게이라는 성 소수자를 향한 혐오는 하나다." 이 사건은 〈런던 프라이드〉(2014)라는 영화로 만들어졌다.

파란 그람시의 얼굴에 휘갈겨 쓴 붉은색 혐오 낙서가 우리에게 들려주는 이야기는 분명하다. 모든 차별과 배제, 착취에서 해방된 좀더 민주적인 사회는 노동을 중심으로 한 전통적인 좌파의 힘만으로는 실현할 수 없으며, 좌파를 포함해 페미니즘 등 여성운동, 게이와 레즈비언 등 성소수자운동, 환경운동과 생태운동, 평화운동 등 다양한 진보적 운동이 연결된 무지개 연합을 통해서만 가능하다는 사실이다.

남이탈리아의 파란 하늘과 너른 지평선.

3장

마테라

이탈리아의 수치?

투리 일정은 생각보다 빨리 끝났다. 일찍부터 서두른데다가 투리 교도소에 못 들어간 탓이었다. 로마로 돌아가는 비행기 시간이 많이 남아서 가까운 곳을 한 군데 더 돌아보기로 했다.

카를로 레비, 이탈리아의 체 게바라

카를로 레비가 쓴 소설 《그리스도는 에볼리에 머물렀다》의 무대인 알리아노Aliano로 향했다. 레비는 의사에 화가에 소설가라는 점에서 다빈치 같은 전인적인 '르네상스 맨'이었다. 아니, 두 사람은 오히려 반대다. 다빈치가 다른 요소는 다 갖춘지 모르지만 정치의식은 없는 '반쪽짜리 르네상스 맨'이라면, 레비는 정치의식도 탁월한 '온전한 르네상스 맨'이었다.

지하 동굴 도시 마테라.

무솔리니 체제가 들어서자 레비는 반파시즘 조직을 결성해 투쟁했고, 무솔리니는 레비를 체포해 알리아노로 유배를 보냈다. 인구가 1000명도 되지 않는 알리아노는 이탈리아에서 가장 가난한 오지였다. 풍요로운 공업 지대인 북부에 뚜렷이 대비되는 비참한 현실에 충격을 받은 레비는 '남부 문제'에 눈뜬다. 의사가 두 명이나 있는데도 돈 없는 농민들은 병원에 가지 못한 채 목숨을 잃어야 했다. 분노한 레비는 의대 졸업장을 활용해 환자를 돌본다. 의사 경력이 없지만 중요한 문제는 아니었다. 의사 경력이 없는데도 게릴라들을 치료하느라 청진기를 든 의대 졸업생 체 게바라하고 비슷하다.

예수도 버리고 떠난 저주의 땅 알리아노에서 경험한 일상의 이야기를 소설로 쓴 작품이 바로 《그리스도는 에볼리에 머물렀다》다. 장 폴 사르트르와 이탈로 칼비노 등이 극찬한 이 책은 '비영어권 100대 논픽션'과 '죽기 전에 꼭 읽어야 할 1001권의 책' 등에 선정되면서 현대의 고전이 됐다. 2차 대전이 끝나고 파시즘에서 해방된 뒤 그람시의 사상을 이어받은 이탈리아 공산당에 소속돼 상원 의원을 두 차례 지낸 레비는 사랑하는 땅 알리아노에 묻혔다.

돌을 파서 만든 지하 도시

알리아노는 투리에서 내륙으로 조금 더 들어가야 한다. 아무리 계산해도 도저히 비행기 시간에 맞춰 다녀올 수 없었다. 그렇지만 일단

시도하기로 했다. 알리아노 방향으로 가다가 시간이 안 되면 관광 도시 마테라를 둘러보기로 했다.

바실리카타 주 그라비나 협곡에 자리한 마테라는 이탈리아에서 가장 오래된 도시다. 기원전 7000년 무렵 신석기 시대부터 사람이 산 곳으로, 유서 깊은 건물과 유적이 잘 보전돼 유네스코 세계문화유산에 등재됐다. 옛사람들이 동굴을 파고 산 주거지인 '사소'가 있어 '지하 도시'로 불리기도 한다. 예수의 일대기를 그린 영화 〈패션 오브 크라이스트The Passion of the Christ〉(2004)를 촬영한 곳으로 유명하다.

마테라로 가는 길에 지중해의 쨍쨍 내리쬐는 태양과 푸른 하늘을 만끽할 수 있었다. 우중충한 날씨가 일상인 영국과 독일 위쪽 북유럽 사람들이 휴가철에 스페인과 이탈리아를 찾는 이유를 알 만했다. 영국은 거의 70개 나라를 여행하는 동안에도 갈 기회가 없다가 10년 전에야 다녀왔다. 일주일 내내 비가 내렸다. 버버리가 트렌치코트의 대명사가 되고, 섬나라 영국이 제국주의 국가가 된 이유를 알 수 있었다. 태양이 빛나는 어딘가를 찾아 나서지 않으면 우중충한 날씨 때문에 집단 정신병에 걸릴 듯했다. 그렇다고 영국의 제국주의가 정당화될 수 있다는 이야기는 아니지만 말이다.

이제 우리도 크게 다르지 않다. 언제부터 한국은 스모그와 미세먼지로 뒤덮여 있다. 맑고 푸른 하늘을 마음 놓고 즐길 수 없게 됐다. 남이탈리아의 날씨가 부럽기만 했다. 문화와 예술말고도 이탈리아를 찾아올 이유가 하나 더 생긴 셈이었다. 끝없는 초원과 멀리 자리한 작은 집 한 채, 그 뒤로 펼쳐진 푸른 하늘과 하얀 뭉게구름을 보니 비행기 시간이 아무리 급해도 차를 세우지 않을 수 없었다. 눈으로 보는 풍경을 고스란히 담을 수는 없을 테지만 아쉬운 대로 카메라를 꺼내어 셔터를 눌렀다.

마테라는 석회암을 파서 만든 도시답게 산꼭대기에 자리잡고 있었다. 가파른 산을 올라갔다. 투리에서는 여행자를 찾아볼 수 없었지만, 마테라는 유명 관광지라서 도시 전체에 관광객이 넘쳐났다. 몇 바퀴나 시내를 돌다가 운 좋게 어느 오래된 성당 앞에 차를 댈 수 있었다. 4월 초인데도 남이탈리아는 한여름 같았다. 땀을 뻘뻘 흘리면서 협곡을 한참 올라가자 건너편 산에 있는 작은 구멍들이 보였다. 오랜 옛날부터 사람들이 석회암 절벽에 동굴을 파고 산 곳, 사소였다. 북서쪽에 자리한 '사소 바리사노'와 원시 동굴 거주지인 '사소 카베오소'로 나뉘는데, 그리 넓지는 않아 걸어 다닐 정도였다. 1950년까지 1만 5000여 명이 이곳에 살았다고 한다. 석회암을 뚫고 만든 동굴 속에 사람하고 가축이 함께 지냈는데, 한 가족당 열 명이 넘는 사례도 있었다.

레비 때문에? 레비 덕분에!

이탈리아의 가난을 향해 르네상스 맨 레비가 쏜 총탄은 엉뚱하게도 사소를 직격했다. 레비가 발표한 소설 때문에 알리아노 지역을 괴롭히는 가난이 국제적인 관심을 끌면서 마테라의 질 낮은 주거 환경도

사소라고 불리는 동굴 집, 돌집은 이제 세계적인 관광지로 바뀌었다.

주목받았다. 1950년 이탈리아 왕국의 마지막 총리이자 이탈리아 공화국의 초대 총리인 알치데 데 가스페리가 마테라를 방문했다. 말로 듣던 비참한 삶을 두 눈으로 확인한 가스페리는 '이탈리아의 수치'라고 비판했고, 1952년에 주민을 모두 쫓아냈다. 미국 대통령이 온다면서 서울에 있는 판자촌을 모두 뜯어내고 철거민을 외곽으로 내쫓은 박정희 정권의 '국가 수치 제거 작전'(1971년 경기도 광주 대단지 사건)의 원조가 바로 이곳 남이탈리아에 있었다.

소개 작전 덕에 마테라는 국제적인 관광지로 탈바꿈했다. 동굴 집이 보이는 산꼭대기에서 아래로 내려가자 지은 지 얼마 안 된 돌집들이 나타났다. 돌집은 끝없이 이어졌다. 이곳도 얼마 전까지 사람이 살았지만, 생활이 힘들고 위생에 나쁘다는 이유로 빈집이 됐다. 몇몇 사업가가 비어 있는 돌집을 리모델링한 뒤 여행자를 받기 시작했다. '돌집 호텔'은 아주 인기가 많다는데, 하룻밤 묵고 갈 수 없어 아쉬웠다.

가난한 사람들을 쫓아낸 동굴 집을 이색 숙박 시설로 탈바꿈시킨 이탈리아를 보고 그람시는 뭐라고 했을까? 마테라를 배경으로 한 소설을 써서 남부 문제를 고발한 탓에 엉뚱하게도 가난한 주민들이 삶터를 빼앗긴 현실을 레비는 어떻게 받아들일까?

시계를 보니 서둘러야 했다. 마테라를 허겁지겁 떠나면서 레비에게 마음속으로 인사를 건넸다.

"진정한 르네상스 맨이여, 편안히 잠드소서!"

팔레르모 공항에 내리면서 찍은 지중해.

4장

팔레르모
마피아와 가리발디의 섬 시칠리아

비행기가 고도를 낮췄다. 푸른 바다 끝으로 조그맣게 육지가 보였다. 18세기 말 이탈리아를 여행한 요한 볼프강 폰 괴테는 말했다. "시칠리아를 보지 않고 이탈리아를 본다면 이탈리아를 하나도 안 본 것이나 다름없다. …… 시칠리아가 없다면 이탈리아는 영혼에 아무런 이미지도 안 남는다. 여기 시칠리아에 모든 것의 열쇠가 있다."

괴테는 5일, 나는 1시간

바로 그 시칠리아에 드디어 발 디딘다고 생각하니 가슴이 뛰었다. 괴테가 나폴리에서 배 타고 닷새 걸려 도착한 시칠리아에 나는 비행기 타고 한 시간 만에 왔다. 이곳저곳 여행 다니느라 비행기를 많이 타고 공항도 여러 곳 갔지만, 팔레르모 공항은 달랐다. 활주로를 바닷

테아트로 마시모와 사자 계단.

가에 배치한 덕분에 오른쪽 창으로 내려다본 풍경은 한 폭의 그림 같았다. 절반은 쭉 뻗은 고속도로와 육지가 보이고, 절반은 푸른 바다가 가득했다.

이탈리아 기행은 준비부터 실행까지 여행이 아니라 '노동'이나 다름없었다. 시칠리아에서 보낸 4박 5일은 아무것도 안 해도 되는 진짜 여행이라서 홀가분했다. 문제도 있었다. 여행을 안내하기로 한 친구 유재원 교수가 갑자기 일정을 바꾸는 바람에 시칠리아 여행이 '혼여'가 됐다. 일정도 혼자 짜고 뭐든 스스로 해결해야 하는 상황이었다. 딱히 해야 할 일이 없으니 대강 되는대로 즐기자고 마음먹었다.

여행에 동행한 세 길벗은 시칠리아 대신 로마로 갔다. 큰 짐은 로마에 두고 온 만큼 몸도 가벼웠다. 공항 열차를 타고 팔레르모 시내로 들어가 버스를 탔다. 현금을 내려 했지만 여기도 버스표를 미리 사서 타야 했다. 당황하는 내게 한 젊은이가 버스표를 한 장 건넸다. 고마운 마음에 당연히 돈을 주려 하자 괜찮다며 한사코 거절했다. 대단한 시칠리아식 인심이다.

알 파치노의 절규, 테아트로 마시모

"오, 노! 노!"

마이클 코를레오네 역을 한 백발의 알 파치노는 영화 〈대부 3〉의 마지막 장면에서 숨을 거둔 딸 메리를 품에 안고 시칠리아의 밤하늘을 향해 절규한다. 오페라 가수가 된 아들 안토니가 데뷔 공연을 성공적으로 마친 뒤 축제 분위기에서 가족들이 함께 오페라 극장을 나오는 길이었다. 극장 앞 계단에 숨어 아버지를 노리던 라이벌 마피아가 쏜 총을 딸이 대신 맞았다.

이 장면을 찍은 곳이 팔레르모에 자리한 테아트로 마시모다. 1897년에 문을 연 테아트로 마시모는 이탈리아에서 가장 큰 오페라 극장이다. 객석이 1397석이다. 1861년 시칠리아가 이탈리아의 일부로 통일된 일을 기념해 이탈리아에서 가장 큰 극장을 짓는다는 야심찬 계획이 마련됐고, 1871년 공사를 시작해 26년 만인 1897년에 완공했다.

〈대부 3〉때문에 팔레르모 여행 필수 코스가 된 테아트로 마시모는 숙소에서 그리 멀지 않았다. 웅장한 건물이 보는 사람을 압도했다. 들어가는 계단에는 양쪽에 거대한 사자상이 버티고 서서 무섭게 내려다봤다. 문은 닫혀 있었다. 삼삼오오 계단에 앉은 사람들은 모두 〈대부 3〉의 마지막 장면을 떠올렸으리라. 나도 계단에 앉았다.

〈대부 2〉에서 알 파치노는 1958년 12월 31일 밤 쿠바의 아바나에 마피아 두목들을 모아놓고 아버지와 자기를 저격한 라이벌 두목을 죽인다. 마침 그날 체 게바라가 산타클라라 전투에서 쿠바 정부의 최정예 부대를 격파한다. 이 소식을 들은 독재자 풀헨시오 바티스타는 해외로 망명했고, 알 파치노도 혁명의 혼란 속에서 아바나를 빠져나온다. 〈대부 2〉가 시작하는 무대인 쿠바에 다녀온 지 1년 만에 다시 〈대부 3〉의 마지막 무대인 시칠리아의 테아트로 마시모에 왔다. 〈대부〉 시리즈와 나는 틀림없이 묘한 인연이 있다.

천년의 흔적, 팔레르모 대성당

시칠리아는 '마피아의 섬'이다. 마이클 코를레오네의 아버지인 비토 코를레오네(로버트 드 니로)는 가상 인물이지만, 팔레르모에서 남쪽으로 60킬로미터 떨어진 코를레오네는 마피아 소굴로 유명한 곳이다. 인구는 1만 명 남짓해도 많은 마피아 두목이 해발 600미터에 자리한 이 마을 출신이었다. 1980~1990년대에 이탈리아를 지배한 코를레오네파는 잔인하기로 악명이 높았다. 이런 사실에 주목해 프랜시스 포드 코폴라 감독은 주인공 가문의 성을 코를레오네로 정했다.

시칠리아는 왜 마피아 소굴이 됐을까? 독립 왕국 시칠리아는 이탈리아 통일 과정에서 1860년에 사르데냐 왕국에 합병됐다. 교회와 마을이 소유한 공동 농지를 농민들에게 나눠주면서 봉건제가 해체되고 본격적인 자본주의로 넘어가기 시작했다. 상업 관련 분쟁이 늘어나고 식료품 값이 치솟자 봉건적 공동 경작지가 줄어들어서 삶이 어려워진 농민들이 절도 등 범죄를 저지르는 사례가 잦아졌다. 여기에 대응할 경찰력이 부족하자 지주들이 건달들을 모아 일종의 사병을 조직해 해결사로 이용하기 시작하면서 마피아가 생겨났다.

마피아는 시칠리아 서부에만 나타난 현상이었다. 토지를 소수 대지주에게 나눠준 시칠리아 동부에는 마피아가 없었다. 소수 대지주가 무장 직원을 고용한데다가 분쟁 자체도 적었다. 소지주가 많은 시칠리아 서부는 달랐다. 파시즘 시기에 사라진 듯하던 마피아는 2차 대전이 끝난 뒤 되살아나 지금도 큰 영향력을 발휘하고 있다. 팔레르

전세계에서 온 사람들로 북적이는 팔레르모 중심가(위).
시칠리아의 옛 영광을 보여주는 팔레르모 대성당(아래).

모가 대표 사례다. 2차 대전 때 연합군이 퍼부은 폭격 때문에 건물이 대부분 파괴돼 공공사업으로 많은 주택을 새로 지어야 했는데, 마피아가 여기에 개입해 부패의 사슬을 확산시켰다.

테아트로 마시모를 나와 앞으로 곧장 걸었다. 팔레르모의 중심가가 나타났다. 끝이 잘 보이지 않는 길에는 차가 다니지 못했다. 양옆에 늘어선 형형색색의 건물과 편안히 길을 가는 사람들이 어우러진 아주 멋진 풍경이었다. 전세계에서 온 개성 넘치는 여행자들이 양옆에 늘어선 갖가지 상점을 구경하며 천천히 걷고 있었다. 나도 무리에 섞여 모처럼 여유를 즐기는데, 갑자기 비가 쏟아졌다. 소나기를 피해 한 가게에 들어갔다. 옷가게나 가죽 공방이 아니라 다행이었다. 생선튀김과 오징어튀김 등을 달라고 해 간식을 먹었다.

비가 그친 뒤 팔레르모를 대표하는 또 다른 볼거리인 팔레르모 대성당으로 향했다. 시칠리아가 무척 큰 섬인 줄은 알았지만, 테아트로 마시모에 이어 커다란 성당 건물을 보고는 또 한 번 놀랐다. 먼 곳에서 보면 성당이 아니라 궁전이나 정부 청사 같은 느낌을 준다. 옆으로 긴 건물을 프레임에 다 담기 어려워 광각 렌즈를 꺼내야 했다.

팔레르모 대성당은 9세기에 시칠리아를 점령한 아랍인들이 모스크로 쓰던 건물을 부수고 1185년부터 600여 년에 걸쳐 새로 지었다. 오랜 기간 동안 보수하고 증축하는 바람에 여러 양식이 공존한다. 동정녀 마리아에게 봉헌된 성당답게 정문에는 십자가를 든 성모 마리아상이 자리잡고 있었다. 우아한 성모상에 대조적으로 뜰에는 땅에 닿을 정도로 긴 머리에 활처럼 뒤로 몸을 젖힌 사람을 새긴 큰 조각이 서 있었다. 성당 입구에는 건장한 개 몇 마리가 더위를 피해 쉬고 있었다. 주황색 지붕에 오르니 팔레르모 시내가 눈앞에 펼쳐졌다.

시칠리아와 가리발디

시칠리아는 마피아의 고향이지만 이탈리아 통일의 아버지 '가리발디의 섬'이기도 하다. 시칠리아, 특히 팔레르모에서는 여기저기 가리발디의 이름을 볼 수 있다. 1860년 5월, 몇몇 청년이 제노바 항구 근처에 정박 중이던 증기선 두 척을 훔쳐 가까운 바위로 몰고 갔다. 배가 멈추자 군복도 제대로 갖추지 못한 채 빨간 셔츠와 회색 바지를 입고 구식 화승총을 든 청년 1089명이 올라탔다. 부르봉가가 지배하는 시칠리아 왕국과 나폴리 왕국을 해방해 통일 이탈리아를 만들려는 청년들이었다. 가리발디가 이끈 '1000명의 정벌'은 그렇게 시작됐다.

청년들은 영국 함정이 시칠리아 함정을 견제하는 사이에 시칠리아 서쪽 끝에 상륙했다. 첫 전투에서 승리해 사기가 올랐고, 소규모 병력이지만 민중 봉기의 도움을 받아 1만 6000명이 지키는 팔레르모를 공격했다. 일진일퇴 공방 끝에 팔레르모 수비대장은 결국 항복했다. 진격을 계속해 시칠리아 전역을 장악하고 나폴리를 해방한 가리발디는 점령지를 사르데냐 국왕 비토리오 에마누엘레 2세에게 헌납했다. 이렇게 해서 로마와 베네치아를 뺀 이탈리아의 거의 대부분이 통일됐고, 1861년 3월 17일 이탈리아 왕국이 탄생했다.

팔레르모 대성당을 나와, 팔레르모 시가 이런 업적을 기려 만든 가리발디 공원을 찾아 나섰다. 열대성 나무들이 빽빽한 조그만 공원에는 시민들이 한가로이 산책을 즐기고 있었다. 가리발디와 청년 1000명을 생각하며 공원을 걷는데 턱수염을 한 사내가 눈앞에 나타났다. 흰 대리석에 조각한 가리발디의 흉상이었다.

여행을 준비하면서 가리발디에 관해 모르던 일을 많이 알게 됐다. 그전까지는 주세페 마치니하고 함께 투쟁한 군사 전략가이자 '붉은 셔츠의 사령관' 정도로 알았는데, 현실의 가리발디는 빼어난 국제주의자이자 파리 코뮌과 제1인터내셔널을 지지한 사회주의자였다.

가리발디는 '두 대륙의 영웅'으로 불린다. 해상 무역업을 하는 집안에서 태어나 배에 익숙한 환경 덕에 자연스럽게 선장이 됐다. 러시아를 항해하다가 마치니 신봉자를 만나 이탈리아 통일 운동에 매진하기로 맹세했다. 1839년 마치니하고 함께 시도한 거사가 실패한 뒤 결석 재판에서 사형을 선고받고 남아메리카로 도주했다. 브라질과 우루과이 등에서 다양한 정치 운동에 참여해 전투를 벌였다. 1870년에 프랑스에서 나폴레옹 3세가 실각하고 프랑스-프러시아 전쟁이 터지자 환갑이 넘는 나이인데도 프랑스로 달려가 공화정을 지지하는 자원군의 지휘를 맡아 '혁명적 세계주의의 병사'라는 칭송을 들었다. 1871년에는 파리 코뮌을 전적으로 지지한다는 뜻을 밝혀 빅토르 위고 등이 찬사를 보내기도 했다.

가리발디 공원에 있는 가리발디 동상(위).
말 탄 가리발디 모형(아래).
가리발디는 이탈리아 통일의 아버지를 넘어 혁명적 세계주의의 최고봉이다.

두 대륙의 영웅, 국제주의자 가리발디

가리발디는 세계의 다양한 진보 세력이 연대하는 '통일의회Congress of Unity'를 제안했다. 아르헨티나에서 열린 회의에서는 보통 선거제, 진보적 누진세, 의무 교육, 사형제 폐지 등 혁신적인 정책을 채택했다. 생시몽류의 공상적 사회주의에 가깝고 사유 재산제 폐지에 부정적이었지만, 카를 마르크스를 비롯한 공산주의자들이 만든 제1인터내셔널에 관해서는 양극화된 사회가 낳은 불가피한 결과이며 '미래의 태양'이라고 칭찬했다. 숨을 거둘 때는 에메랄드빛 바다를 잘 볼 수 있게 침대를 밖으로 옮겨달라고 부탁했다. 1882년 6월 2일, 가리발디는 사르데냐 북동쪽에 있는 카프레라 섬에 바다를 바라보며 묻혔다.

세계주의와 진보 사상을 지닌 문인이나 사상가는 많다. 세계주의와 진보 사상을 지니고 있으면서 탁월한 군사 전략가로 활약한 사람은 많지 않다. 《군주론》에서 마키아벨리는 역사적 사례들을 들어가며 '무장하지 않은 개혁가는 실패한다'고 말하기도 했다. 생각나는 사람은 진보적 사상가이자 범남아메리카주의자로 국경을 넘어서 베네수엘라, 볼리비아, 칠레, 콜롬비아, 페루 등을 해방시킨 '해방자' 시몬 볼리바르 정도다. 그런 볼리바르도 활동 지역이 남아메리카에 국한된 점에서 가리발디에 견주기 힘들다. 두 대륙의 영웅, 국제주의자 가리발디에게 작별을 고했다.

"가리발디 장군, 편히 쉬십시오."

서구, 이슬람, 비잔틴 문화가 뒤섞인 바닷가의 작은 도시 체팔루.

5장

체팔루

아니, 여기에 그람시가?

이탈리아는 '파스타의 나라'다. 파스타는 밀가루와 소금 등을 반죽해 만드는 이탈리아식 국수다. '파스타pasta'라는 말 자체가 이탈리아어로 반죽을 뜻한다. 파스타 종류만 310가지이고 등록된 이름만 1300개가 넘는다니, 두 말해서 뭐하겠나.

파스타의 기원을 찾아

이탈리아 사람들은 언제부터 파스타를 먹었을까? 마르코 폴로가 중국에서 가져온 국수가 파스타의 원조라는 사람도 있다. 국수를 가장 먼저 만든 곳은 중국이 맞다. 기원전 2세기 한나라 때 국수가 문헌에 처음 등장하고, 얼마 전에는 실크로드의 신장 지역에서 4000년 전에 만든 국수가 발견됐다. 메소포타미아 강 주변에서 기르기 시작한 밀

시칠리아에 가면 바다 풍경을 즐길 수 있는 기차 여행을 꼭 해야 한다.

은 서쪽으로 건너가 유럽에서 빵이 됐고, 실크로드를 거쳐 동쪽으로 흘러가 중앙아시아에서 국수가 된 뒤 다시 중국으로 전해졌다.

마르코 폴로 전파설은 문제가 많다. 마르코 폴로는 13세기 후반에 중국에 다녀왔다. 1271년부터 1295년에 유럽과 아시아 일대를 여행했고, 그사이 17년 동안 중국에 머물렀다. 그런데 마르코 폴로가 이탈리아로 돌아오기 150년 전에 시칠리아에서 파스타를 말리는 장면을 목격한 기록이 남아 있다.

타오르미나 서쪽에 트라비아라는 마을이 있다. 예부터 살기 좋은 이곳에는 제분기를 돌리는 데 필요한 강물이 풍부하다. 평원 지대에 자리한 덕에 큰 농장이 많다. 여기서 만든 파스타는 아랍을 비롯한 이슬람 지역과 기독교 지역 등 곳곳에 팔려 나간다.

1154년 시칠리아를 다스린 노르만 왕 루지에로 2세가 지시해 아랍 지리학자 무함마드 알이드리시가 쓴 책에 나오는 이야기다. 알이드리시는 아랍 상인들이 전한 말을 바탕으로 정교한 세계 지도를 만들었고, 중국의 교역 관계를 서술하면서 신라를 서양에 처음 소개했다. 이탈리아 사람들은 대개 부인하지만, 국수를 건조해 파스타를 만드는 기술은 831년 시칠리아를 정복한 아랍을 거쳐 이탈리아에 전해졌다. 이때 파스타를 처음 만든 곳이 바로 트라비아다.

트라비아는 팔레르모에서 동쪽으로 20킬로미터 떨어진 휴양 도시다. 팔레르모를 출발해 트라비아를 지나 체팔루로 향하는 기차에

시칠리아의 이름 없는 소도시에도 있는 그람시 거리.

올랐다. 팔레르모에서 시칠리아 제2의 도시인 카타니아로 가려는 여행자는 시간이 오래 걸리는 기차 대신 버스를 많이 타지만, 바닷가를 따라 달리는 기차 여행은 기막힌 경치를 볼 수 있다. 망설일 이유가 없었다. 이 기찻길에서 〈시네마 천국Cinema Paradiso〉(1988)을 찍은 이유를 알 만했다. 기차를 타고 지중해의 아름다운 풍광을 마음껏 즐겼다. 언제 트라비아를 지나갈까 궁금해하는 사이에 벌써 체팔루에 도착했다. 기차에서 내리기 싫었다.

체팔루의 그람시 거리

체팔루는 노르만, 아랍, 그리스, 비잔틴 문화가 뒤섞인 바닷가의 작은 도시였다. 인터넷에서 사진을 보자마자 무조건 하루 묵어가기로 일정을 짰다. 역에서 내려 숙소를 찾아가려고 두리번거리다가 깜짝 놀랐다. '그람시 가'라는 표지판이 눈에 들어왔다. 딱히 연고가 없고 대도시도 아닌데, 시칠리아의 이 작은 도시에 공산당 당수를 지낸 좌파 정치인의 이름을 단 거리를 만들다니! 다양성을 존중하는 이탈리아의 관대함에 존경심이 우러나왔다.

체팔루라는 이름은 그리스어 '머리Kephalodion'에서 유래했다. 그전의 역사는 불분명하지만 최소한 그리스가 전성기를 누린 시절에 이곳에는 그리스인들이 살았다. 그 뒤 한때 아랍인들이 지배하다가, 12세기에 노르만 왕 루지에로 2세가 한 지시에 따라 지금 모습으로 도

지중해의 낙조는 다르다. 그것이 지중해의 낙조니까.

시를 건설했다. 체팔루는 서구와 이슬람과 비잔틴 문화를 융합한 탁월한 사례로 인정받아 팔레르모의 아랍 지구하고 함께 유네스코 세계문화유산으로 지정됐다. 다양한 문화를 배제하지 않고 받아들여 융합한 개방성이 그람시 거리를 만든 정신적 바탕이었으리라.

숙소로 잡은 호텔도 깨끗하고 이국적이었다. 자연스럽게 휜 만에 갑자기 불쑥 솟아오른 거대하고 특이한 바위산을 배경으로 펼쳐진 거리에는 중세의 흔적이 아직 남아 있었다. 호텔방에 머물자니 시간이 아까웠다. 비가 내리는 거리로 나갔다. 옛 건물과 유적이 자리한 도시 끝자락으로 걸어갔다. 모래사장에는 쏟아지는 비에도 아랑곳없이 아이들이 뛰어놀고 있었다. 평화로운 광경을 바라보면서 모래사장을 지나자 유적 지구가 나타났다. 입구 쪽에 세워놓은 지도를 보고 마을의 구조를 어느 정도 알 수 있었다.

이 길 끝까지 가야 마을을 제대로 감상할 수 있을 듯했다. 구시가지로 들어서자 좁은 길 양쪽으로 식당과 선물 가게들이 이어졌다. 어디서 저녁을 먹을지 생각하다가 '바다 전망이 좋은 좌석 있습니다'는 문구를 써붙인 식당들을 눈으로 기억했다. 길이 끝나자 그리스 시대 유적 같은 곳이 나타나고 방파제도 보였다. 방파제에 올라서자 고대하던 절경이 눈에 들어왔다. 거대한 바위산을 배경으로 오래되고 독특한 건물들이 바닷가에 줄지어 서 있었다. 바위산이 뾰쪽하지 않고 넓적해서 더욱 특이한 대조를 보여줬다. 아름다운 경치를 실컷 카메라에 담고도 못내 아쉬워서 한동안 방파제에 앉아 하염없이 바라봤다. 그럴 수밖에 없었다.

천국의 맛, 시칠리아식 문어 요리와 봉골레 파스타.

바다가 준 선물, 이탈리아 국수와 문어

빗줄기가 거세지기 시작했다. 숙소로 들어가 쉴 수밖에 없었다. 곧 비가 그쳤고, 슬슬 돌아다니면서 저녁을 먹기로 했다. 이탈리아, 아니 유럽 어디를 가나 한번쯤 찾아봐야 하는 성당을 찾아갔지만, 문이 닫혀 있었다. 구시가지로 방향을 돌려 낮에 봐둔 식당에 들어갔다. 밖에 써놓은 선전 문구처럼 바다 전망이 좋았다.

그리스와 이탈리아 등 지중해 지역은 문어를 많이 잡고 많이 먹는다. 문어 요리와 봉골레 파스타를 시키고 화이트 와인 반병을 곁들였다. 아름다운 체팔루 바다를 바라보며 지중해를 힘차게 헤엄치던 문어를 안주 삼아 뜨거운 태양이 빚은 하우스 와인을 마셨다. 천국이 따로 없었다. 바다 쪽으로 난 문으로 나가 마을을 바라봤다. 배를 타고 나와 바다 쪽에서 마을을 본 셈이었다. 걸으면서 훑어본 마을하고는 전혀 다른 풍광이 펼쳐졌다.

그람시와 마키아벨리를 찾아 떠나는 사상 기행인 만큼 이탈리아 본토 여행은 해야 할 일이 많았다. 시칠리아 여행은 특별한 숙제가 없이 멍 때릴 수 있었다. 빡빡한 여행 속 휴식 같은 시간이었다. 석양이 지기 시작했다. 서둘러 음식을 먹고 그리스 시대 유적으로 달려갔다. 날씨가 흐리고 비까지 온 탓에 붉은 석양은 볼 수 없었지만, 또 다른 절경이 나를 기다리고 있었다. 약한 조명을 받은 아치 모양의 유적 두 개 사이로 푸른 바다가 일렁이고 구름 뒤 태양이 마지막 빛을 내뿜고 있었다. 고개를 틀어 방파제 쪽을 바라보니 어스름이 깔리

체팔루 해변에서 마주친 그리스 시대 유적과 밤 바닷가 풍경.

는 바다에 신화시대의 신비로움이 깃들인 듯했다.

　모래사장 쪽으로 걸어 내려갔다. 멀리 보이는 마을에 불빛이 하나둘 어둠을 밝혔다. 마을과 마을 뒤의 산, 가까이 자리한 구시가지 건물들과 모래사장, 모래사장에 올라앉은 모터보트들. 일부러 연출하려 해도 하기 어려운 한 폭의 그림이 펼쳐졌다. 이곳을 거쳐간 그리스인, 아랍인, 터키인, 이탈리아인이 모래사장에 모여 신나게 춤추는 모습이 보이는 듯했다.

기차여, 영원히 달려다오

다음날 아침 다음 행선지인 카타니아로 갈 기차를 타러 역으로 향했다. 체팔루에서 카타니아로 가는 기차는 두 종류다. 하나는 3시간 30분짜리이고 다른 하나는 4시간 50분짜리다. 빨리 가는 코스는 내륙을 관통하고, 오래 걸리는 코스는 바다를 따라 달려 동쪽 끝 메시나에서 환승한 뒤 남쪽에 자리한 카타니아로 가는 우회 열차다. 시간은 걸리지만 좋은 경치를 볼 수 있다고 해서 우회 열차를 탔다. 메시나까지 가는 두 시간 동안 바다 풍경이 이어졌다. 이 기차 여행 하나만 가지고도 시칠리아 여행 경비가 아깝지 않았다. 달려도 달려도 바다와 푸른 하늘이 이어지는, 인생 최고의 기차 여행이었다.

　기차여, 멈추지 말고 영원히 달려다오!

타오르미나 절벽 꼭대기에 자리한 아랍식 건물과 상점들.

6장

타오르미나
니체는 미쳤다!

여기에서는 과거가 현재보다 더 강해서, 사람들이 피안의 다른 세상에서 현세의 이 세상을 바라다보는 불멸의 존재처럼 멀리 있는 듯 보인다.

시칠리아에서 딱 한 곳만 보려면 어디를 가야 할까? 적지 않은 이들이 소설가 데이비드 허버트 로렌스가 극찬한 타오르미나를 고른다. 시칠리아를 잘 아는 유재원 교수도 타오르미나를 꼭 가보라고 했다.

타오르미나의 벌떼

체팔루를 떠나 카타니아에 도착했다. 교통편도 마땅치 않고 시간도 모자라 단체 관광을 알아봤다. 카타니아를 출발해 영화 〈대부〉에 나오는 마피아 마을과 술집 등이 있는 타오르미나를 돌아보고 시칠리아 음식과 와인을 즐기는 프로그램이 있었다. 단체 관광치고는 너무 비쌌다. 그냥 부딪치기로 하고 다음날 아침 타오르미나를 향해 떠났다.

유 교수는 카타니아에서 기차를 타고 가 타오르미나 입구에 내린 뒤 동네 버스로 갈아타라고 알려줬다. 카타니아에 도착해 알아보니 기차는 복잡하다면서 타오르미나까지 곧장 올라가는 버스를 타라고 했다. 문제는 버스 정류장 찾기였다. 나름대로 설명을 잘 들은 뒤에도 한참을 헤맸다. 다음은 버스표 사기. 버스 회사가 다 다르고 매표소도 정류장에서 멀리 떨어져 있었다. 단체 여행에 견줘 요금이 아주 싸서 그나마 다행이었다.

인기 관광지다웠다. 미리 표를 사고도 간신히 버스를 탈 수 있었다. 한 시간 정도 꼬불꼬불 산길을 달려가는데, 가까이 갈수록 멋진 타오르미나가 조금씩 모습을 드러냈다. 버스가 산밑 마을 입구에 서자 앉을 자리가 없는데도 사람들이 벌떼처럼 달려들었다. 기차를 타고 온 관광객이었다. 기차를 탔으면 낭패를 볼 뻔했다.

괴테, 그리고 예술가들의 휴양지

타오르미나는 해발 250미터에 자리한 도시다. 버스는 지그재그로 닦은 길을 따라 산을 올라갔다. 기원전 7세기에 낙소스Naxos라는 바닷가 마을이 있었다. 이 마을이 공격을 받게 되자 외부 세력이 접근하기 어려운 산 위에 도시를 지었는데, 바로 타오르미나다. 전략 요충지라서 시칠리아가 로마 식민지가 된 뒤에도 계속 외부 세력의 영향을 받았다. 시칠리아를 지배한 폼페이우스 집안이 옥타비아누스를 상대로 싸울 때도 이곳을 요새로 삼았다. 이곳 앞바다에서 벌어진 해전에서 완승을 거둔 옥타비아누스는 타오르미나가 지닌 전략적 중요성을 고려해 주민을 모두 쫓아내고 로마인을 이주시켰다.

타오르미나를 세계적인 관광지이자 '예술가들의 휴양지'로 만든 사람은 괴테다. 괴테는 30대 중반인 18세기 말에 이탈리아를 2년 동안 여행했다. 그때 쓴 일기를 고쳐 30년 뒤에 낸 책이 《이탈리아 기행》이다. 40일에 걸쳐 시칠리아를 여행한 괴테는 여러 도시 중에서 타오르미나를 극찬했다. 그 뒤 타오르미나는 예술가들 사이에 유명세를 타기 시작해 독일 작곡가 요하네스 브람스, 아일랜드 문학가 오스카 와일드, 독일 철학자 프리드리히 빌헬름 니체 등이 찾아들었다. 20세기에는 독일 작곡가 리하르트 바그너, 영국 철학자 버트런드 러셀, 미국 작가 테네시 윌리엄스와 어니스트 헤밍웨이 등이 다녀갔다.

로렌스도 이곳에 2년 동안 머물며 작품을 썼다. 인터뷰와 현지 조사를 바탕으로 책 《타오르미나의 앨범Album Taormina》을 낸 가에타노 사림베니Gaetano Saglimbeni에 따르면 《채털리 부인의 연인》은 실화에 바탕을 뒀다. 채털리 부인의 연인으로 나오는 주인공의 모델은 로렌스의 아내를 당나귀에 태워 타오르미나 근처 마을을 구경시킨 청년이라고 사림베니는 주장했다. 진위야 어떻든 로렌스가 타오르미나에 머물 때 《채털리 부인의 연인》이 시작된 사실은 틀림없는 듯하다.

타오르미나 중심가로 통하는 출입문(위).
성당 뒤로 보이는 에트나 화산은 구름에 가려 있다(아래).

버스에서 내려 천천히 걸어 올라갔다. 초입부터 왼쪽 아래로 바다가 끝없이 펼쳐졌다. 오른쪽에는 오래된 건물들이 서 있고, 앞쪽에는 도시에서 150미터 위에 지은 아랍 양식의 성곽과 작은 마을이 펼쳐졌다. 예술가들이 극찬한 이유를 알 수 있었다. 해발 400미터에 자리한 기괴한 절벽 위에 세운 아랍풍 마을은 존재 자체가 경이로웠다.

타오르미나로 들어서자 높고 오래된 성벽에 세운 아치형 문이 나타났다. 구시가지로 들어가는 입구였다. 문을 지나자 양옆에 늘어선 갖가지 상점들이 낯선 여행자를 유혹했다. 사고 싶은 물건은 많았지만, 앞으로 갈 곳이 많은 만큼 꾹 참았다. 한참 걸어가자 사람들이 많이 모인 광장이 나타났다. 멀리 산과 바다가 보여서 발걸음이 빨라지는데, 왼쪽 건물 벽에 주세페 가리발디를 새긴 표식이 눈에 띄었다. 시칠리아를 해방시킨 가리발디를 기리는 기념물이 여기에도 있었다. 광장에 들어서니 오른쪽으로 타오르미나 성당에 이어 고급 호텔과 별장들이 보이고, 왼쪽 아래로 활 모양으로 휜 긴 해안선과 검푸른 바다가 나타났다. '이오니아 해의 진주' 타오르미나였다.

쳐다보는 것만으로 상처를 입는다

이탈리아에서 가장 높은 에트나 산이 타오르미나에 있다. 이 산은 활화산이라서 높이가 때때로 바뀌는데, 지금은 3326미터다. 그리스 신화에 따르면 제우스가 용의 머리 백 개를 가진 괴물 티폰을 가둔 곳

쳐다보는 것만으로 상처를 입게 되는 '이오니아 해의 진주' 타오르미나.

인데, 괴물이 내뿜는 분노가 화염으로 바뀌어 분출한다. 광장에 세워놓은 사진을 보니 에트나 산은 성당 왼쪽 호텔 뒤에 자리잡고 있었다. 산은 보이지 않고 구름만 가득했다.

안타깝지만 어쩔 수 없는 일 아닌가? 바다로 떨어지지 말라고 설치한 난간에 기대어 활처럼 휜 해안선과 끝없이 펼쳐진 바다를 한참 바라봤다. 모든 것을 잊을 수 있었다. 서울은 말할 것도 없고, 그람시도, 마키아벨리도, 아무것도 생각나지 않았다. 타오르미나를 배경으로 한 단편 소설에서 헤밍웨이는 '모든 것이 색깔'이고 '너무 아름다워 쳐다보는 것만으로 상처를 입는다'고 이야기했다. 나도 상처를 입었다. 헤밍웨이가 한 말을 이해할 수 있었다.

돌고 돌아 원형 극장

전망 좋은 식당에 들어가 해산물 파스타와 와인을 시켰다. 파스타에 치즈를 뿌리고 절인 올리브에 와인을 한 모금 마셨다. 한국식 이탈리아 레스토랑에서는 볼 수 없는 소박한 밥상이지만, 아름다운 절경을 더하니 세상에 부러울 것이 없었다. 푸르른 이오니아 해를 바라보며 끝없이 앉아 있고 싶었다. 그러다 보면 저 구름이 사라지고 만년설에 덮인 에트나 산을 보게 될지도 모를 일이었다. 여행자의 운명은 야속했다. 아직 들러야 할 곳이 남아 있으니 움직이고 싶지 않은 몸을 일으킬 수밖에 없었다. 시칠리아의 여름 더위를 실감하며 마을을 벗어

소박한 해산물 파스타에 풍경이라는 양념을 친 최고의 점심(위).
타오르미나의 역사를 증언하는 로마 시대 원형 극장(아래).

나 한참을 걸어갔다. 드디어 기념품 파는 가게들이 보이고 매표소가 나타났다. 로마 시대 유적인 원형 극장이었다.

그리스 시대에 짓고 로마 시대에 고친 이 원형 극장은 지름이 109미터에 이른다. 카타니아 남쪽 시라쿠사에 있는 극장에 이어 시칠리아에서 둘째로 큰 원형 극장이다. 올라가서 보니 지중해 지역에서 여러 번 본 로마 시대 원형 극장이었다. 낡고 볼품없는데다가 뚜렷한 특징도 없었다. 괜히 왔다고 후회했다. 와인을 벗삼아 바다를 바라보면서 에트나 화산이 모습을 드러내는 때나 기다리면 어땠을까. 사람들이 여기저기 앉아 있는 원형 극장을 천천히 걷는데, 괴테가 《이탈리아 기행》에서 타오르미나를 칭송하며 이 원형 극장에서 바라본 전망을 극찬한 구절이 기억났다.

오른쪽 큰 바위에는 요새가 솟아 있다. 아래쪽으로는 도시가 있다. …… 전망은 이어서 에트나 화산의 긴 산등성이로 이어진다. 왼쪽으로는 바닷가가 펼쳐지고, 멀리 카타니아를, 아니 시라쿠사까지 볼 수 있다. 넓은 파노라마는 연기를 내뿜는 화산으로 완성된다. 그러나 놀라운 장면은 아니다. 부드러운 분위기 덕에 실제보다 멀리 있고 부드럽게 보인다.

괴테가 본 전망을 찾아 발걸음을 재촉했다. 원형 극장을 얼마나 돌았을까? 어느 순간 평범해 보이던 로마 시대 건축물 사이의 부서진 공간 사이로 마을과 바다가 나타났다. 괴테가 선 자리에 나도 섰다.

괴테와 손호철의 인생 숏. 원형 극장과 바다의 조화가 아름답다.

미치지 않는 법

여행을 하다 보면 영원한 잊지 못할 절정의 경치, 요즘 말로 '인생 숏'을 만난다. 녹색 조명을 받은 어둠 속 투리 교도소가 그중 하나라면, 로마 시대 유적 사이로 지중해 바다가 보이는 이 모습도 뒤지지 않았다. 여행을 다니면서 자연에 순응하고 마음을 비우는 법을 배웠다. 에트나 화산은 구름 때문에 보지 못했지만, 자연이 허락하는 데 만족하기로 했다.

　로마 유적 사이로 지중해를 바라보니 니체가 떠올랐다. 니체는 스물다섯 젊은 나이에 스위스 바젤 대학교 교수가 됐다. 서른네 살에 교수 자리를 때려치우고 알프스 산맥 곳곳을 방황하면서 독창적인 철학을 개척했다. 방황 끝에 타오르미나에 온 니체는 바로 여기에서 《차라투스트라는 이렇게 말했다》를 썼다. 저 아름다운 지중해 바다를 내려다보고, 다시 고개를 들어 흰 눈이 덮인 에트나 화산을 바라보면서, 자연에 취하지 않고 초인을 노래했다. 틀림없다. 니체는 미쳤다!

성인지 감수성이 모자란 헤라클레스 동상.

7장

카타니아
시칠리아가 준 마지막 선물

카타니아로 돌아온 뒤에도 타오르미나에서 느낀 흥분은 쉽게 가시지 않았다. 남쪽으로 튀어 시라쿠사를 가보고 싶었지만 시간이 모자랐다. 시내를 돌아보고 숙소에서 쉬면서 남은 일정을 점검했다. 내일 아침에 로마행 비행기를 타야 하니까 무리하지 않기로 했다.

시칠리아 맛집에서 만난 멋진 사람들

타오르미나를 다녀오기 하루 전 체팔루를 떠나 기차를 타고 카타니아에 도착했다. 역에서 구시가지 중심가에 잡아놓은 숙소로 짐을 끌고 걸어갔다. 조금 걷자 분수와 멋진 조각상이 나타났다. 헤라클레스로 짐작되는 근육질 남자가 여자를 거칠게 안고 있었다. 언제 만든 조각상인지 모르지만, 요즘 성 감수성으로 보면 문제 있는 작품이었다.

우연히 만난 유재원 교수와 카타니아 맛집에서 먹은 음식들.

숙소에 들어가 창문을 열고 발코니로 나왔다. 카타니아 성당의 둥근 지붕이 눈앞에 다가왔다. 그때 전화기가 울렸다. 시칠리아 여행을 바람맞힌 유재원 교수였다. 한국으로 돌아가려고 이스탄불행 비행기를 타기 전에 늦은 점심을 하고 있으니 빨리 오라는 전화였다. 체팔루에서 카타니아로 오는 기차에서 본 바다 풍경을 찍은 사진과 글을 아침에 소셜 네트워크 서비스에 올렸는데, 그 글을 읽은 모양이었다.

그리 멀지 않은 곳이었다. 식당 밖에는 사람들이 길게 줄을 서 있었다. 줄 서야 먹을 수 있는 시칠리아 맛집이었다. 기다림에 지친 사람들을 제치고 여유 있게 3층으로 올라가자 유 교수 일행이 반갑게 맞아줬다. 중견 사업가인 장석 노회찬재단 이사, 이충범 변호사 부부 등 초면이지만 이름은 아는 분들이 있어 반가웠다. 마침 음식도 나왔다. 튀김에 가까운 오징어구이와 해물 리소토였다. 레몬을 살짝 뿌린 오징어구이는 쫄깃하면서 고소했고, 소박한 재료로 뭉근하게 졸인 리소토는 짙은 치즈 냄새를 풍겼다. 줄 서서 먹을 만했다.

폭탄주에서 와인으로? 또 다른 주류 교체를 향해

안타깝게 세상을 떠난 노회찬 의원의 고등학교 동기이자 오랜 후원자인 장 이사는 문명 교류사 권위자인 정수일 선생을 모시고 한국문명교류연구소 이사장으로 일하고 있다. 나는 중국혁명 때 마오쩌둥이 국민당군을 피해 1만 킬로미터를 이동한 장정 루트를 두 달 동안 여행한 뒤 《레드 로드》라는 책을 썼다. 정 선생과 장 이사가 내 책을 교본 삼아 여러 차례 답사를 다녀왔다고 해서 아주 반가웠다. 자연스럽게 이야기는 노 의원으로 옮겨갔다.

'주류 교체'가 일어나고 있다지만, 우리 사회의 '주류'는 아직 반공 독재 세력이고 민주화 운동 세력은 '비주류'다. 민주당을 중심으로 한 자유주의 세력은 '비주류의 주류'가 돼 대통령을 셋이나 배출했다. 진보 세력은 고생만 하고 빛도 못 본 '비주류의 비주류'인데, 그중에서도 '주류'는 통진당류 민족주의 세력이었다. 나와 노 의원은 '비주류의 비주류의 비주류'에 속한 학자와 정치인으로 만나 가까이 지냈다. 내가 선거대책위원회 위원장을 맡기도 했다. 세상을 떠나기 직전 노 의원은 휴가를 내서라도 쿠바 혁명 60주년 기념 여행을 함께하고 싶다고 했다. 억지로 끌고 가야 했다. 돌이켜보면 후회스러울 뿐이다.

낯선 곳에 여행을 와서 성당 한 곳, 유적 하나를 더 돌아보는 일도 중요하지만, 좋은 사람을 만나는 시간이 더 소중하다. 카타니아 구경은 제쳐두고 이런저런 이야기를 나눴다.

가리발디, 노회찬, 그람시

카타니아 오페라 극장은 팔레르모 테아트로 마시모에 견줘 아담했다. 지금은 〈로미오와 줄리엣〉을 공연하고 있었다. 조금 더 걷자 숙소 발코니에서 보이던 원형 두오모가 나타났다. 카타니아 성당이었다.

극장처럼 성당도 팔레르모 대성당에 견주면 장난감 같았다. 카타니아는 도시 자체보다는 주변에 볼거리가 많은 곳이었다.

남은 일정을 정리하다가 잠이 들었다. 나는 가리발디가 직접 키를 잡은 증기선을 탔다. 옆에는 노회찬 의원이 앉아 있었다. 탁자에는 술잔이 보였다. 우리 둘이 만나면 늘 마시던 '양폭'(양주 폭탄주)을 앞에 놓고 그람시가 태어난 사르데냐 섬으로 가는 중이었다. 꿈이었다.

로마행 비행기를 타려고 아침 일찍 카타니아 공항으로 향했다. 시칠리아는 못 본 곳이 많으니까 한 번 더 와야겠다고 마음속으로 다짐하는데 그새 공항에 도착했다. 택시에서 내리자 왼쪽으로 멀리 산이 보였다. 꼭대기는 구름에 가렸지만, 당당한 위용을 보니 에트나 산이 분명했다. 과테말라에서 파카야 산 정상에 올라 살아 움직이는 용암을 본 적이 있어서 화산 자체는 별 관심이 없지만, 에트나 산은 3000미터가 넘는 눈 덮인 활화산이다. 시칠리아의 푸른 바다와 눈 덮인 활화산이 어우러진 독특한 풍광이 눈앞에 펼쳐졌다.

시칠리아가 준 마지막 선물

반쪽이지만 잠깐이라도 에트나 산을 보니 반가웠다. 일찍 움직인 덕에 30분 정도 여유가 있었다. 공항에 들어가지 않고 전망 좋은 곳에 섰다. 짧은 시칠리아 여행을 끝내는 마지막 순간에 모습을 드러낸 에트나 화산을 보니 안치환이 부른 노래 〈지리산〉이 생각났다.

아담한 카타니아 성당(위).
시칠리아가 준 마지막 선물처럼 모습을 드러낸 에트나 화산(아래).

행여 지리산에 오시려거든

천왕봉 일출을 보러 오시라

삼대째 내리 적선한 사람만 볼 수 있으니

아무나 오지 마시고

원추리 꽃무리에 흑심을 품지 않는

이슬의 눈으로 오시라

시칠리아의 안치환이 돼 '노가바'(노래 가사 바꿔 부르기)를 했다.

행여 시칠리아에 오시려거든

에트나 화산의 설경을 보러 오시라

삼대째 적선한 사람만 볼 수 있으니

아무나 오지 마시고

올리브나무 숲에 흑심을 품지 않는

이슬의 눈으로 오시라

조상들이 대대로 적선을 하신 덕인지 시칠리아의 명물 에트나 화산을 볼 수 있었다. 산은 바람에 따라 때때로 모습을 바꿨다. 20분 정도 지났을까, 구름이 밀려나고 산이 제 모습을 드러냈다. 아름다운 설산이었다. 시칠리아가 건넨 마지막 선물이었다.

상점가로 바뀐 마키아벨리 생가. 서까래에 안내판이 붙어 있다.

PARTE DI UNA TRAVE
APPARTENENTE FIN DALLE ORIGINI
A QUESTA ANTICA DIMORA DEI MACHIAVELLI
E QUI TRA LE MACERIE RITROVATA
DOPO LA DISTRUZIONE NELL'ANNO 1944

8장

피렌체 1
거인 속의 피그미

손호철과 마키아벨리. 아무래도 어울리지 않는 조합이다. '진보 정치학자'와 '권모술수의 대가'라니!

나는 지금 마키아벨리를 찾아서 로마를 떠나 피렌체로 가는 기차에 몸을 실었다. 그람시를 찾아 나선 길이지만, 같은 이탈리아 사람인 마키아벨리도 한번 살펴보자는 마음이 들었다. 다들 진보 정치학자와 마키아벨리는 어딘지 안 어울리는 조합이라고 생각했다. 그런데 알고 보면 아주 안 어울리지는 않았다.

마키아벨리, 《군주론》, 마키아벨리즘

"아이고!"

책상에는 종이가 쌓여 있었다. 펜에 잉크를 묻혀 뭔가를 쓰려던 남자는 어깨가 아픈지 외마디 비명을 질렀다. 40대 초반이라 오십견이 올 나이는 아니었다. 짧은 머리를 한 남자는 힘겹게 펜에 잉크를 묻혀 글을 쓰기 시작했다.

'Il Principe.'

《군주론》을 쓴 마키아벨리였다. 이 책이 나오자마자 가톨릭 교단은 '악마의 손가락으로 쓴 인류의 적'이라면서 금서 목록에 올렸다. 마키아벨리도 '살아 있는 프랑켄슈타인'으로 비판받았다. '마키아벨리주의'라는 말이 생겨나고 '마키아벨리적'이라는 단어가 나쁜 의미로 쓰일 만큼, 이 책은 부정적 이미지를 벗어나지 못했다. 인류 역사에서 100쪽이 안 되는 얇은 책이 이렇게 논쟁을 불러일으킨 적이 있을까?

"군주는 인간에게 하는 약속을 반드시 지켜야 할 의무가 있다고 생각해서는 안 된다."

"군주는 능숙한 사기꾼이고 위선자여야 한다."

"군주는 권력을 유지하기 위해서라면 대개 신뢰를 저버리고, 무자비하고 불안정하게 행동하고, 종교의 가르침을 무시할 수밖에 없다."

"군주는 존경받기보다는 공포의 대상이 돼야 한다."

"가혹 행위는 일시에 행해져야 한다. 그래야 사람들이 가혹 행위를 덜 인식하고 분노를 덜 느끼게 된다. 반면 은혜는 야금야금 나눠줘야 한다. 그래야 그 맛을 더 잘 음미할 수 있다."

문장이 유려한 이 책에는 그동안 우리가 배운 도덕적 주장하고는 너무 다른 이야기들이 가득하다. 다만 마키아벨리주의의 핵심으로 자주 인용되는 '목적이 수단을 정당화한다'는 주장은 과장된 측면이 많다. 《군주론》에서 마키아벨리는 그런 말을 한 적이 없다. 가장 비슷한 구절은 '군주는 어떻게 약속을 지켜야 하는가'를 다룬 18장에 있다. 군주에게는 '사자의 힘과 여우의 교활함'이 모두 필요하다는 유명한 구절이 나오는 장이다. 18장 마지막 부분에서 마키아벨리는 말한다.

> 대부분의 사람은 자기 손이 아니라 눈을 통해 판단한다. …… 모든 사람은, 특히 직접 설명을 들을 수 없는 군주의 행동에 관한 한, 사람들은 결과에 주목한다. 그러므로 군주가 전쟁에서 승리해 국가를 지키려 할 때 그 수단은 항상 올바르고 모든 사람에게 칭송받게 된다. 보통 사람들은 겉모습과 결과에만 영향을 받기 때문이다.

이 구절은 사람들이 군주를 판단할 때 수단은 보지 않고 결과만 본다는 사실을 기술할 뿐, 목적이 옳으면 수단은 중요하지 않다는 결과 지상주의를 펴고 있지는 않다.

여러 부정적 평가하고 다르게 마키아벨리는 정치란 마땅히 어떠해야 한다는 규범적 처방만 남발한 고전 정치학을 벗어나 현실 정치를 있는 그대로 분석하는 근대 정치학의 효시로 칭송받는다. 마키아벨리는 왜 한창때인 40대에 어깨 통증에 시달리고, 그런 통증 속에서도 논쟁적인 《군주론》을 쓴 걸까? 피렌체에 남아 있는 마키아벨리 유적은 이런 내 의문에 답을 줄 수 있을까?

서까래만 남은 마키아벨리 생가

기차는 벌써 피렌체 역에 도착했다. 기차에서 내려 피렌체에 발을 디디자 가슴이 뛰었다. 이탈리아는 그전에도 온 적이 있었다. 로마, 베네치아, 나폴리, 폼페이, 카프리 등을 여행했지만, 피렌체는 처음이었다. 우리 집은 원래 화가 집안이다. 나도 화가 지망생이었다. 고등학교 시절 미술반장을 하면서 열심히 그림을 그리고 미대에 가려 했지만 집안 반대에 막혀 그만뒀다. 다빈치와 미켈란젤로의 도시에 들어서니 예전 그림 그리던 시절이 떠올랐다.

마키아벨리의 흔적을 좇아 피렌체를 훑어보려고 유적지 한가운데인 두오모 바로 옆에 자리한 아파트를 숙소로 잡았다. 20여 일 치 여행 물품이 든 대형 캐리어에 카메라 가방까지 짐은 많은데 보도블록이 엉망이었다. 숙소까지 가는 길은 그야말로 험난했다. 어렵사리 무거운 짐을 내려놓은 뒤 마키아벨리를 찾아 피렌체 속으로 들어갔다.

스스로 '거인(귀족)에 맞선 피그미'라고 한 마키아벨리는 평민 집안에서 태어났다. "나는 가난하게 태어났고, 아주 일찍부터 자기를 즐기기보다는 부정하도록 배웠다." 이렇게 출신 배경을 회고한 마키아벨리이지만, 아버지가 요즘으로 말하면 변호사로 일해서 평민치고는 그런대로 잘사는 중산층이었다.

피렌체 도심을 벗어나 아르노 강을 가로지르는 베키오 다리를 건너니 조그마한 상가가 나타났다. 마키아벨리가 태어난 곳이라고 했다. 내비게이션이 도착을 알렸지만, 유적지 분위기가 전혀 안 나는 현대식 보석 가게였다. 가게로 들어가 여성 주인에게 물어봐도 전혀 모른다는 말뿐이었다. 그람시에 이어 마키아벨리도 처음부터 뭔가 꼬이는 기분이었다. 이탈리아어를 못하니 물어볼 사람도 마땅치 않아 상가를 한 바퀴 돌았다. 어디에서도 마키아벨리에 관련된 흔적을 찾을 수 없었다.

인터넷을 열어 마키아벨리 생가를 찍은 사진을 찾았다. 한 가게에 들어가 핸드폰을 보여주며 이곳을 찾는다는 시늉을 했다. 다행히 그 가게 주인은 영어를 할 줄 알았다.

"내비게이션에 주소를 입력했는데 엉뚱한 곳이 나오네요."

"지금 시에서 주소를 바꾸고 있어서 그래요."

친절한 이탈리아인은 나를 데리고 가게를 나서서 그곳으로 직접 안내했다. 작은 가게들 사이에 난 좁은 골목길 앞에 서더니 여기로 들어가면 된다고 말하고는 되돌아갔다.

왼쪽 옷 파는 가게와 오른쪽 도자기 가게 사이 골목으로 들어가자 좁은 길 양쪽으로 도자기들이 진열돼 있었다. 바로 앞 서까래에 뭔가 써 있었다. '원래 마키아벨리 집 서까래의 일부이지만 1944년에 파괴된 돌무더기 속에서 발견됐다.' 도자기집 기둥에도 안내판이 보였다. '이곳은 니콜로 마키아벨리의 생가로, 전쟁 때 완전히 파괴된 건물을 새로 지었다. 니콜로 마키아벨리는 인간 사회의 사건들에 관해 사색하고, 피렌체 역사에서 불멸의 페이지를 썼다.'

마키아벨리가 태어난 생가는 2차 대전 때 연합군이 퍼부은 폭격에 무너졌다. 그 뒤 새 건물을 지으면서 겨우 서까래만 찾아 원래 자

IN QVESTA CASA DEI MACCHIAVELLI
POI DEI SERRISTORI
DOPO TOTALE DISTRVZIONE BELLICA
OGGI A NVOVA VITA RISORTA
PER OPERA DI SOFIA BOSSI PVCCI SERRISTORI
TRASCORSE I SVOI GIORNI
NICCOLÒ MACCHIAVELLI
MEDITANDO SVLLE VMANE VICENDE
E COMPOSE PAGINE IMMORTALI
DI STORIA FIORENTINA

마키아벨리 생가로 들어가는 입구(위).
'피렌체 역사에서 불멸의 페이지를 쓴' 마키아벨리 생가 안내판(아래).

리에 넣고 안내판을 세웠다. 마키아벨리가 '거인에 맞선 피그미'라고 스스로 표현한 삶이 어땠는지, 다시 말해 엄살인지 진실인지는 가늠할 수가 없었다.

피렌체의 고시 준비생

피렌체는 형식상 공화국이었지만, 사실상 금융업으로 큰돈을 번 메디치가가 지배하는 군주정이었다. 메디치가는 군주로 나서서 피렌체를 직접 다스리는 대신 엄청난 부를 바탕으로 예술가들을 지원해서 르네상스를 꽃피우며 지배에 정당성을 부여했다.

메디치가의 지배 아래에서 마키아벨리는 아리스토텔레스 같은 고전을 읽으며 공화정을 향한 신념을 키웠다. 《군주론》 때문에 '강력한 군주를 지지하는 반민주적 학자'라는 통념이 생겼지만, 이론이나 실천에서 모두 공화주의자였다. 다만 그람시 같은 혁명가하고는 거리가 멀어서, 메디치가에 저항할 생각은 전혀 하지 않았다. 오히려 관리로 등용되기를 기다리는 '고시 준비생'에 가까웠다. 마키아벨리는 관직에 등용돼 입신양명도 하고 공화주의의 꿈도 펴고 싶어했다.

유럽에서는 중세 봉건 체제가 서서히 붕괴하는 한편으로 프랑스와 에스파냐 등에서 강력한 절대 왕정이 등장하고 있었다. 반면 이탈리아는 작은 도시 국가들로 나뉜 채 갈등했다. 북쪽에는 밀라노 공국, 그 아래 동쪽으로 베네치아 공화국, 서쪽으로 제노바 공국, 이

메디치가의 상징인 '위대한 로렌초.'

나라들 남쪽으로 피렌체 공화국, 다시 그 남쪽으로 교황령, 가장 남쪽에 나폴리 왕국이 자리잡고, 사이사이 여러 작은 공국이 둥지를 틀고 있었다. 게다가 이 도시 국가들은 자국의 이익을 위해 툭하면 외국군을 끌어들이려 했다.

이탈리아를 호시탐탐 노리던 프랑스의 샤를 8세는 나폴리 왕국의 법통을 이은 군주로 자임했다. 교황청이 이런 주장을 인정하지 않자 샤를 8세는 밀라노 공국의 도움을 받아 이탈리아를 침공했다. 피렌체는 격변에 휩싸였다. 메디치가가 프랑스에 방호 요새를 양도하는 등 굴욕적인 자세를 보이고 식민지인 피사까지 독립하자 분노한 시민들이 봉기했다. 프랑스를 상대로 굴욕적인 협상을 끝내고 피렌체로 돌아온 메디치가가 궁으로 들어가려 하자 시민들이 시뇨리아 광장에 몰려들었다. '민중과 자유'를 외치며 광장에 우뚝 솟은 베키오궁 종탑에 오른 시민들은 종을 쳐 시민회의를 소집했다.

60년에 걸친 메디치가의 지배가 끝나고 공화정이 복원됐다. 급진적 수도승인 사보나롤라가 집권해 메디치 체제의 화려함에 대조되는 금욕주의를 바탕으로 급진적 개혁 정책을 펴지만, 마키아벨리는 여전히 방관자 같은 태도를 보였다. 다만 '고전에 밝은 총명한 젊은이'라는 명성을 쌓아갔다. 마키아벨리는 민심에서 멀어진 사보나롤라가 쫓겨나 화형을 당한 뒤에야 내정을 담당하는 제2서기관에 응모해 비로소 공직에 나설 수 있었다. 스물아홉 살 때 일이다.

공화주의를 신봉하면서도 제2서기관이 되기 전까지 역사의 격동기에 아무 일도 하지 않은 이유가 마키아벨리의 '수동성'이라고 주장

2차 대전의 포화 속에서 살아남은 베키오 다리(위).
시민 권력의 상징이자 '피렌체의 광화문 광장'인 시뇨리아 광장(아래).

하는 연구자도 있다. '거인에 맞선 피그미'라는 표현이 잘 보여주듯 마키아벨리가 타고난 신분이라는 '한계성'에 갇혀 있었다는 말이다. 그람시가 대표 사례인데, 그런 '한계성' 때문에 혁명가가 된 사람도 적지 않다. 마키아벨리의 '수동성'을 '한계 신분' 탓으로 보는 시각은 아무래도 문제가 많다.

르네상스의 꽃, 우피치 미술관과 베키오 궁

생가를 떠나 베키오 다리에 들어섰다. 마키아벨리가 날마다 걸어서 출근한 다리다. 좁은 다리는 관광객으로 넘쳐나 걷기가 어려울 지경이었다. 피렌체는 2차 대전 때 중요한 전투가 벌어진 곳이었다. 독일군과 이탈리아군은 피렌체에 있는 다리를 모두 파괴했다. 연합군 탱크가 아르노 강을 건너 북진하지 못하게 하려는 작전이었다. 폭이 좁고 이런저런 문제 때문에 탱크가 건널 수 없는 베키오 다리만 살아남아 옛 모습을 간직할 수 있었다.

다리를 건너 조금 걸으면 '르네상스의 꽃'인 우피치 미술관이다. 우피치 미술관을 지나자 좁은 골목이 끝나고 시야가 확 트였다. 드디어 시뇨리아 광장이다. 꽤 넓은 광장은 미켈란젤로가 남긴 다비드 상을 보려고 구름처럼 몰려든 사람들로 발 디딜 틈 없었다.

시민의 힘과 공화주의를 상징하는 시뇨리아 광장은 '피렌체의 광화문 광장'이다. 1494년 피렌체 시민들이 '민중과 자유'라는 구호를

공화주의와 자유의 상징인 다비드 상(위).
시뇨리아 광장을 내려다보는 종탑(아래).

외치며 모여들어 군주정을 무너트린 곳이기 때문이다. 가장 아름다운 조각이라는 평가를 받는 다비드 상도 강력한 정치적 의미를 담고 있다. 공화정 복귀를 기념해 피렌체 시민들이 미켈란젤로에게 제작을 의뢰한 이 조각상은 자유의 상징이었다. 지금 광장에 서 있는 다비드 상은 모조품이고, 진짜를 보려면 아카데미아 미술관에 가야 한다.

시민들이 군주정을 무너트린 날에도, 마키아벨리는 군중 사이에 섞여 마음속으로 환호하면서 구경만 하지 않았을까. 그런 미안함 때문에 나중에 공직에 나간 뒤 그토록 바라던 시민군을 꾸려 바로 이곳에서 시민들을 앞에 두고 열병식을 펼치지 않았을까.

다비드 상에 관해 할 이야기가 하나 더 있다. 공화정은 미켈란젤로에게 다비드 상 반대편에 세울 헤라클레스 상도 만들어달라고 했다. 오른쪽에는 정신적 힘(다비드)의 상징을 세우고 왼쪽에는 육체적 힘(헤라클레스)의 상징을 세우려는 생각이었다. 그런데 미켈란젤로가 헤라클레스 상을 제작하기 전에 공화정이 무너지고 메디치가가 다시 권력을 잡았고, 결국 다비드 상만 덩그마니 서 있게 됐다.

메디치가는 다비드 상을 파괴하지 않았다. 대신에 공화정이 미켈란젤로에게 의뢰한 헤라클레스 상을 바초 반디넬리Baccio Bandinelli에게 만들게 한 뒤 군주의 상징으로 포장해서 다비드 상 맞은편에 세웠다. 그리고 이 조각을 비판하는 평론가들을 감옥에 가뒀다.

시뇨리아 광장 한구석에 서 있는 베키오 궁도 공화정과 마키아벨리에게는 매우 중요한 곳이다. 이 건물은 일종의 '청사'로, 공화정 정부가 자리잡고 있었다. 마키아벨리는 외교 사절 자격으로 출장을 가

종탑에서 내려다본 피렌체.

지 않을 때면 15년 동안 날마다 여기에 출근했다. 이제는 박물관으로 바뀐 베키오 궁으로 들어갔다. 마키아벨리가 공화정을 안정시키느라 고군분투하던 사무실을 보고 싶었지만 헛수고였다. 메디치가와 피렌체의 황금기를 이끈 '위대한 로렌초'가 머나먼 동양에서 반역자 마키아벨리를 찾아온 여행자를 내려다볼 뿐이었다. 벽과 천장을 온통 화려한 르네상스 회화로 장식한 커다란 접견실은 메디치가가 긁어모은 부가 얼마나 대단한지를 잘 보여줬다.

추가 요금을 내고 종탑에 들어갔다. 높이 95미터인 종탑 꼭대기에 가려면 계단 223개를 올라야 했다. 계단은 매우 가파른데다가 올라가고 내려가는 사람들이 동시에 움직이기 어려울 정도로 좁았다. 아픈 무릎을 끌고 겨우겨우 계단을 올라가자 피렌체가 한눈에 들어왔다. 고개를 들면 피렌체 시가지가 다 보이고, 숙이면 시뇨리아 광장이 눈에 들어왔다. 메디치가를 향해 '민중과 자유'를 외치는 시민들의 함성이 들리는 듯했다. 마키아벨리가 붙이는 구령에 맞춰 구식 화승총을 메고 광장을 행진하는 어설픈 시민군의 발소리가 뒤를 이었다.

거인에 맞선 피그미

피렌체는 인구 5만 명인 작은 도시 국가였다. 프랑스와 에스파냐 등에서 강력한 절대 왕정이 등장하는 '국민국가 시대'에, 마키아벨리가 자기 자신을 가리킨 표현처럼 '거인에 맞선 피그미'에 지나지 않았다.

그런 만큼 국가가 생존하는 데 외교가 중요했다. 마키아벨리는 내치 담당이었지만 외교 업무를 부여받아 로마 교황청부터 시작해 프랑스나 독일 등을 자주 오고갔다. 도시 국가를 넘어서서 통일 이탈리아를 건설할 필요성, 특히 용병 체제를 뛰어넘는 상비군의 필요성을 절실히 느낀 계기였다.

마키아벨리는 당장 상비군을 만들어야 한다고 했지만, 평민들이 무장하는 상황을 두려워한 귀족들은 반대했다. 1503년에 국가안보실장으로 임명된 마키아벨리는 드디어 의회를 설득해 시민 민병대를 조직하기 시작했다. 피렌체가 지배하는 농촌을 돌아다니며 상비군이 필요한 이유를 설명하고, 징병제를 실시해 민병대를 조직했다. 외부의 적에 맞서 피렌체 공화정을 지키려는 노력이었다. 그렇게 만들어진 시민군의 위용을 공화정의 주인인 시민들에게 보여주려고 이곳 시뇨리아 광장에서 열병식도 열었다.

1512년이 되면서 상황이 바뀌었다. 프랑스군을 몰아내려는 교황이 에스파냐군을 끌어들였고, 에스파냐군이 피렌체로 진격하면서 메디치가가 다시 권력을 장악했다. 마키아벨리는 15년간 몸담은 공직에서 쫓겨나 감옥에 갇혔다.

베키오 궁을 지나 5분 쯤 걸어가자 예전에는 감옥으로 쓰이다가 베르디 극장으로 바뀐 건물이 나타났다. 지금은 극장이지만 그전에는 스틴케 교도소였다. 마키아벨리는 이곳에 갇혀 있었다.

감옥으로 쓰인 건물을 보고 있자니 대학 2학년 때 학생운동을 하다가 붙잡혀 서대문형무소에 들어갈 때 느낀 두려움이 생생하게 되

살아났다. 운동권하고는 거리가 먼 마키아벨리가 느낀 공포를 충분히 이해할 수 있었다. 엎친 데 덮친다고 메디치가 암살 계획을 담은 문서가 발견됐고, 암살자 명단에 들어간 마키아벨리는 죄수에게 가하던 전형적인 고문을 여섯 번이나 당했다. 두 팔을 어깨 뒤로 돌린 뒤 팔목을 밧줄로 묶어서 매다는 잔인한 형벌이었다.

고문은 반드시 금지해야 하는 반인류 범죄다. 육체의 고통도 고통이지만 여기에 못지않게 비인간적인 결과가 심리적 공포와 상처다. 정보기관에 다녀온 뒤 나는 오랫동안 '슬리퍼 소리 노이로제'에 시달려야 했다. 박정희 군사 독재 정권은 대학가에 유인물이 나돌면 나를 잡아가 다그쳤다.

"네가 했지."

아니라고 하면 아니라는 증거를 대라고 했다. 그런 증거를 어떻게 대느냐고 물으면 누가 했는지 불면 증명된다고 협박했다. 몇 년 치 일기도 쓰라고 했다. 자기들 자료에 대조해 내가 적은 기록이 다르면 매질이 시작됐는데, 무엇을 알고 있는지 모르니 뭘 자백해야 하는지도 알 수 없었다. 수사관이 내가 쓴 자술서를 자료실에 들고 가 맞춰보고 오는 동안에만 쉴 수 있었다. 몸은 쉬지만 피 말리는 기다림의 시간이기도 했다. 수사관이 돌아오는 슬리퍼 소리는 시험을 통과하느냐 새로운 매질이 시작되느냐를 결정하는 순간이 다가온다는 신호였다. 그때부터 슬리퍼 소리 노이로제에 시달리기 시작했다.

마키아벨리는 고문 때문에 큰 고통에 시달리면서도 이를 악물고 자백을 하지 않았다. 행운의 여신, 곧 포르투나fortuna도 마키아벨리

피렌체의 '정육 식당'(위)에서 먹은 원조 티본스테이크(아래).

를 버리지 않았다. 갑자기 교황이 죽고 메디치가에서 새 교황이 뽑히면서 교황 즉위를 축하하는 특별 사면이 단행됐다. 풀려난 마키아벨리는 피렌체 바깥 시골집으로 유배를 갔다.

마키아벨리는 친구에게 쓴 편지에서 고문을 당하면서도 자백하지 않은 이유를 털어놨다. "나는 그 어느 때보다도 나 자신이 자랑스러웠고, 나 자신을 높게 평가하게 됐네. …… 살아 있는 게 기적이야. 신과 나의 결백이 나를 살렸지." 마키아벨리가 고통스런 고문을 참지 못하고 비명을 지른 그 자리에는 이제 지난 시절의 슬픈 역사를 알지 못하는 테너 가수가 부르는 오페라 〈라트라비아타〉의 한 대목이 울려 퍼지고 있다.

티본스테이크와 오르가슴

유적지 한가운데에 숙소를 잡은 덕에 피곤하면 잠깐 들어가 쉬다가 다시 나왔다. 그러기를 여러 번, 드디어 때가 됐다. 저녁을 먹으러 미리 점찍은 스테이크 집을 찾아갔다. 피렌체가 티본스테이크를 처음 만들기 시작한 곳이니 꼭 먹어보라는 말을 들었다. 숙소 앞 레스토랑은 우리 식으로 말하면 '정육 식당'이었다. 엄청나게 많은 고기가 진열된 투명하고 커다란 숙성 냉장고를 보니 저절로 탄성이 터졌다.

4인분 1.6킬로그램짜리 티본스테이크와 사이드 메뉴에 레드 와인을 곁들였다. 스테이크를 별로 좋아하지 않는 내가 먹어본 소고기 중

두오모 성당의 환상적인 야경.

에서 최고였다. 고기가 아닌 듯 부드러우면서 씹으면 특유의 질감이 느껴지고, 육즙도 감칠맛이 좋았다. 음식을 먹고 '오르가슴'을 두 번 느꼈다. 태평양 한가운데 이스터 섬에서 만난 갓 잡은 참치, 그리고 중국 선양에 있는 북한 식당에서 마주친 젓갈 안 넣은 시원한 김치였다. 피렌체에서 스테이크를 먹으면서 세 번째 오르가슴을 느꼈다.

저녁을 먹고 피렌체 중심가를 산책했다. 밤의 피렌체는 낮의 피렌체하고 전혀 달랐다. 눈 호강도 많이 했다. 이탈리아가 디자인 천국이라는 말을 실감했다. 가방과 옷, 조그만 액세서리까지 색감과 디자인이 독특하면서도 뛰어나 나도 모르게 이 가게 저 가게를 들락거렸다. 값까지 쌌다. 많은 사람들이 이탈리아로 쇼핑 여행을 오는 이유를 알 만했다. 한참 돌아다니다가 두오모 쪽으로 방향을 틀었다. 노란 조명을 받은 건물들 사이에 흰색 타일로 꾸민 두오모 성당과 종탑이 보였다. 천상의 모습을 담은 한 폭의 그림을 보는 듯했다.

마키아벨리의 모습을 새겨 넣은 레스토랑 간판.

9장

피렌체 2
마키아벨리의 나쁜 호텔

맛있는 스테이크 덕인지 오랜만에 푸근하게 잤다. 아침부터 마키아 벨리를 찾아 나섰다. 말년의 마키아벨리는 글을 쓴 뒤 마지막에 '역 사학자. 희곡 작가, 비극 작가 마키아벨리'라고 적었다. 공직에서 쫓 겨나 유배를 당한 뒤 《군주론》를 써서 헌정하지만 메디치가는 마키 아벨리를 다시 중용하지 않았다. 그런 처지에 실망하면서도 마키아 벨리는 《피렌체사》와 《전쟁의 기술》 같은 역사 저술을 넘어 시나 희 곡 등 문학 작품을 쓰기 시작했다.

희극 보며 눈물 흘리는 마키아벨리

〈만드라골라〉는 선풍적인 인기를 끌었다. 부유한 상인하고 결혼한 여자에게 반한 어느 청년이 그 여자에게 접근하려 벌이는 촌극을 통해 메디치가와 귀족 계층, 가톨릭 등을 풍자한 희곡이다. 이 부부가 아이를 갖지 못한 사실을 안 청년은 신부를 끌어들여 거짓말을 늘어놓는다. 만드라크라는 식물에서 뽑은 액을 먹으면 임신할 수 있는데, 다만 처음 잠자리를 하는 사람은 독 때문에 죽는다고 능청을 떤다. 그 뒤 목숨을 잃을지도 모르고 잠자리를 하려는 바보 같은 청년으로 꾸며 목적을 달성한다. 1524년에 써서 1526년 초연했다.

메디치가가 살던 궁은 18세기에 리카르디 가문이 사들인 뒤 메디치 리카르디 궁으로 이름이 바뀌었다. 메디치가 집안에서 연 결혼식에서 〈만드라골라〉를 상연한 곳이기도 하다. 안으로 들어가자 그 결혼식 장면을 그린 그림이 보이고, 언제부터 그곳에 자리한지 모를 조각상이 낯선 이방인들을 맞았다. 정치적 날개가 잘린 채 희극 작가로 변신한 마키아벨리, 자기가 쓴 희극을 보며 폭소를 터트리는 메디치가와 관객들 앞에서 겉으로는 웃음 짓지만 속으로는 눈물 흘린 한 사람을 마주친 듯했다.

유배지를 지나 유배지로

이제 마키아벨리 투어의 하이라이트인 유배지로 향할 시간이다. 마키아벨리가 감옥에서 풀려나 유배된 곳은 피렌체를 가로지르는 아르노 강을 건너 남쪽으로 20킬로미터 떨어져 있다. 아르노 강 바로 남쪽에 자리한 생가에서 남쪽으로 더 가야 했다. 거리가 멀어 차를 빌렸다. 지동설 때문에 종교 재판에서 유죄 판결을 받은 갈릴레이가 산유배지를 지나 마키아벨리가 머문 산탄드레아 지방에 들어섰다.

꼬불꼬불한 길을 걸으면 왼쪽으로 들어가는 좁은 길이 나오고, 모퉁이에 집이 보였다. 그 집 벽에 마키아벨리 초상화가 그려져 있었다. 마키아벨리 집인가 보다 하고 차를 세웠는데, 이쪽으로 더 가면 마키아벨리 집이 나온다고 알려주는 표지판이었다. 그렇게 찾아간 집은 마키아벨리가 유배를 와서 머문 일을 빗대어 '나쁜 호텔'이라는 뜻인 '랄베르가치오L'Albergaccio'로 불린다. 평민이지만 그런대로 돈이 있던 마키아벨리의 아버지가 농장을 운영한 곳답게 꽤 커다란 2층짜리 석조 주택이었다.

관리인이 길 건너편에 마키아벨리라는 이름을 내건 레스토랑 겸 숙소를 운영하는데, 마키아벨리 집을 구경하려면 거기에 가서 허락을 받아야 한다. 마키아벨리라는 이름을 쇠로 파 매단 간판이 멋있는 이 레스토랑은 역사가 깊다. 친구에게 쓴 편지에서 마키아벨리는 낮에 자주 들러 사람들을 만난 선술집을 이야기하는데, 그곳이 바로 여기다. 이탈리아 최대의 와인 회사인 '그루포 이탈리아노 비니Gruppo Italiano Vini'가 선술집을 사들여 현대식으로 개조했다. 지금은 와인 시음장으로 유명하다. 마키아벨리가 산 집도 후손들이 돌보다가 지금은 이 와인 회사가 사들여 관리한다. 허가를 받으려고 식당에 들어가니 중국인 관광객으로 꽉 차 있었다. 마키아벨리 유배지를 찾아가는 한국인은 얼마나 될까?

돌집으로 들어서자 오른쪽 벽에 마키아벨리 초상이 걸려 있었다.

마키아벨리 유배지로 가는 길에서 바라본 피렌체(위).
관광지로 바뀐 마키아벨리 유배지(아래).

왼쪽에 자리한 서재에는 검은 책상 위에 《군주론》이 한 권 놓여 있었다. 고문 때문에 얻은 어깨 통증을 견디며 《군주론》을 쓴 책상이었다. 극적 효과를 노리고 일부러 올려놓은 듯했다. 마키아벨리가 저녁마다 가장 좋은 옷을 입고 앉아서 글을 쓴 바로 그 책상이었다. 친구에게 보낸 편지에서 마키아벨리는 이렇게 말했다.

낮에는 동네 선술집에 가 소작인들이나 지나가는 행인들하고 잡담을 나누다가도, 저녁이면 글을 쓰다가 만나게 되는 옛 성현들에게 예의를 갖추느라 가진 옷 중 가장 좋은 것을 차려입고 서재에 들어가 정중한 자세로 책상에서 책을 쓰고 있다네. …… 네 시간 동안 지루함을 전혀 느끼지 못하고, 모든 곤경을 잊고, 가난을 걱정하지 않고, 죽음을 두려워하지 않는다네. 나는 그 속에 완전히 몰입한다네.

공화주의자 마키아벨리는 공화정을 위해 오랫동안 일했다. 공화정이 무너진 뒤 투옥과 고문에 시달리다가 쫓겨난 유배지에서 강력한 군주를 찬양하는 《군주론》을 썼다. 그 책은 공화정을 몰아내고 자기를 공직에서 쫓아낸 메디치가에 헌정했다. 세상을 떠난 뒤이기는 해도 엄청난 명성(악명이 많기는 하지만)을 안겼으니, 결과만 보면 《군주론》은 해피엔딩인 셈이다.

마키아벨리가 《군주론》을 쓴 서재와 책상 위에 놓인 《군주론》.

공화주의자와 군주론자 사이

공화주의자 마키아벨리는 왜 《군주론》을 썼을까? 투옥과 고문 때문일까? 악명 높은 남영동 대공분실에서 물고문과 전기 고문을 당하고 구사일생으로 살아난 김근태 전 의원이 상한 몸을 이끌고 개발 독재를 찬양하는 《개발독재론》을 써서 박근혜에게 헌정한 격이나 크게 다르지 않다. 운동권으로 활동하다가 투옥과 고문을 당한 뒤 소련과 동구가 몰락하는 모습을 보며 우익으로 변신한 뉴라이트들처럼, 마키아벨리도 투옥과 고문에 시달리고 변화된 세상을 겪으면서 생각이 바뀌어 '변절'한 걸까?

이런 해석은 문제가 많다. 《군주론》에 뒤이어 쓴 《로마사 논고》에서는 공화정을 주장하기 때문이다. 공화주의자 마키아벨리가 군주론자로 변절해 《군주론》을 쓴 뒤 다시 공화주의를 찬양하는 《로마사 논고》를 쓴 사실을 설명할 수 없다. 《로마사 논고》에서 마키아벨리는 이렇게 말한다.

> 세상에는 많은 군주가 있었고 지금도 있지만, 그중 훌륭하고 현명한 군주는 소수에 불과하다. 민중이 군주보다 사려 깊고, 안정감이 있고, 판단력도 낮다. …… 민중의 장점과 단점을 군주의 장점과 단점에 비교하면, 민중이 훨씬 뛰어나다는 사실을 알게 된다.

아니면 평민 출신이어서 다른 출셋길이나 생계 수단이 없는 탓에 변절자라는 욕을 먹더라도 다시 공직에 나가고 싶었을까?

"나는 재능을 낭비하고 있다네. 더는 이렇게 가난하게 지낼 수 없어. 메디치 가문의 군주들이 다시 일자리를 주기를 바라고 있다네."

이 사적인 고백은 그런 추정을 뒷받침한다.

"나는 내 영혼보다 조국을 더 사랑한다네."

이 또 다른 고백은 변절자로 욕먹더라도 공직에 다시 나가 피렌체를 발전시키겠다는 애국심이 마키아벨리의 진심이 아닐까 생각하게 한다. 아니, 교황청이 의심한 대로 《군주론》을 읽은 군주가 악정을 펴게 해서 민중 봉기를 일으켜 군주정을 전복하고 공화정을 회복하려는 고도의 계략이었을까?

진짜 마키아벨리, 가짜 마키아벨리

루소는 또 다른 해석을 제시했다. 한 나라의 왕 정도면 마키아벨리가 말한 통치술과 권모술수를 대부분 알고 있었다고 주장했다. "마키아벨리는 군주를 가르치는 척했다. 그러나 진정으로 가르친 대상은 인민이다. 《군주론》은 공화주의자의 책이다." 다만 '국가의 압제 속에서' 마키아벨리는 '자유를 향한 사랑'을 감춰야 했다. 이런 사정을 모른 채 사람들이 '풍자'를 '찬미'로 오해했다고 루소는 주장했다. 《군주론》 서문의 유명한 구절을 떠올리면 그럴듯하게 들린다.

산맥과 고지대의 특성을 알려면 낮은 곳으로 내려가야 합니다. 또한 평야의 특징을 알려면 높은 곳으로 올라가야 합니다. 마찬 가지로 민중의 특성을 제대로 이해하려면 군주가 돼야 하며, 군 주의 특성을 올바로 이해하려면 민중이 돼야 합니다.

이것도 저것도 아니라면, 몇 년 전 한 페미니스트 극작가가 브로 드웨이 무대에 올린 〈진짜 마키아벨리〉라는 연극처럼 마키아벨리의 정부인 프란체스카가 《군주론》을 쓴 걸까? 어느 해석이 올바른지 알 수 없는 일이다. 프랑스 철학자 모리스 메를로퐁티가 던진 의문은 적 절했다. "마키아벨리는 과연 이해될 수 있을까?"

《군주론》을 헌정받은 로렌초 데 메디치는 책을 안 읽었고, 마키아 벨리는 끝까지 부름을 못 받았다. 말년에 피렌체를 방어하기 위해 성 을 관리하는 성곽보수위원회 위원장을 맡았다. 메디치가가 무너지고 공화정이 회복되자 다시 희망을 품고 공직에 출마하지만, 큰 표 차로 떨어진 뒤 쓸쓸하게 생을 마감했다. 지식인의 삶이라는 측면에서 보 면 아름답지 못한 최후를 맞은 셈이다. 구질구질하게 그까짓 성곽보 수위원회 위원장 자리는 왜 받아들였을까? 왜 뒤늦게 출마를 했을까?

천국보다는 지옥

《군주론》을 둘러싼 궁금증을 안은 채 마키아벨리가 묻힌 산타크로

마키아벨리가 묻힌 산타크로체 성당(위).
보수 중인 마키아벨리 무덤(중간).
우피치 미술관 회랑에 서 있는 마키아벨리 동상(아래).

체 성당을 찾았다. 피렌체 동쪽 끝으로 한참 걸어갔다. 입장권을 사자 유명인이 묻힌 묘지를 알리는 지도를 한 장 줬다. 얼마나 크다고 지도까지 필요할까 했는데, 들어가서 보니 크기는 컸다. 마키아벨리 무덤을 찾을 수 없었다. 몇 바퀴를 돌아도 만나지 못했다. 마키아벨리처럼 유배 도중에 세상을 떠난 단테의 옆자리라고 해서 단테를 먼저 찾기로 했다. 지도를 펴서 단테 무덤을 찾아간 뒤 옆을 보니 보수 중인 무덤이 하나 눈에 띄었다. 거기에 마키아벨리가 있었다.

묘비에는 '어떤 찬사도 그 이름에 미치지 못한다'는 말이 새겨져 있었다. 세상을 떠난 뒤 유명해지고 나서 새로 써넣은 문구였다. 마키아벨리는 《군주론》 덕에 이탈리아를 대표하는 사상가가 됐다. 자기를 감옥에 가두고 고문한 메디치 가문이 세운 우피치 미술관의 외벽 회랑에는 피렌체를 세계적으로 알린 인물들을 묘사한 동상이 보였는데, 마키아벨리도 당당히 한 자리를 차지하고 있었다.

마키아벨리는 이런 독설을 자주 퍼부었다.

"나는 천국보다는 지옥에 가기를 원한다. 천국에 가면 거지나 수도승, 사도들밖에 없지만, 지옥에는 교황과 왕, 군주들하고 함께 갈 수 있기 때문이다."

마키아벨리에게 물었다.

"지옥에 가서 교황과 군주들하고 잘 놀고 있습니까?"

피렌체에서 만난 거리의 화가들.

10장

피렌체 3
또 다른 이단아 단테

우피치 미술관 회랑에 서 있는 마키아벨리 동상을 바라보는데, 예약 시간이 됐다. 거금을 내고 가이드 투어를 예약했다. 긴 줄을 여유롭게 지나칠 때는 잘한 일이라고 생각했다. 단점도 있었다. 줄을 서지 않아도 되고 작품 해설도 들을 수 있어 좋기는 한데, 마음에 드는 작품을 차분히 즐기지 못하고 가이드만 따라다녀야 해서 영 체질에 맞지 않았다. 세상사란 좋은 점이 있으면 나쁜 점도 있는 법이다.

게이의 도시

"피렌체는 원래 게이의 도시입니다. 그리고 그 덕에 여러분이 우피치 미술관에서 이 예술품들을 즐길 수 있는 겁니다." 가이드는 거침없는 말로 해설을 시작했다. 피렌체는 원래 동성애자가 많았고, 다빈치와

매부리코로 유명한 〈우르비노 공작 부부 초상화〉.

미켈란젤로도 동성애자라는 말이 있다. 둘 다 결혼하지 않은데다가 미켈란젤로가 노년에 젊은 남성 제자들에게 노골적인 연서를 쓴 이야기는 들었지만, 대놓고 동성애자라는 글은 못 읽었다.

두 거장이 동성애자라고 해도, 우리가 우피치 미술관에서 예술품을 즐길 수 있는 상황과 동성애가 무슨 관계일까? 메디치가의 아들들은 한때 모두 동성애자여서 결혼을 안 했고 자녀도 없었다. 유산을 물려주기 어렵자 메디치가는 그동안 모은 예술품을 팔거나, 피렌체 밖으로 반출하지 않는다는 조건으로 피렌체 시에 기증했다. 그 덕에 우피치 미술관이 만들어졌다. 듣고 보니 일리가 있었다.

보티첼리와 비너스

회화에 원근법을 처음 도입해 마돈나와 천사를 그린 14세기 초의 조토 본도네^{Giotto di Bondone}가 인상적이었다. 왼쪽에는 남편을 바라보는 아내의 오른쪽 얼굴이 있고 오른쪽에는 매부리코를 한 남편의 왼쪽 얼굴이 배치된 〈우르비노 공작 부부 초상화〉를 그린 피에로 델라 프란체스카^{Piero della Francesca}는 조화와 비례의 원칙을 중시했다. 우르비노의 멋진 풍광이 배경인데, 세상을 떠난 아내는 창백하고 살아 있는 남편은 활기가 넘쳤다. 공작이 전쟁에서 오른쪽 눈을 잃은 뒤 옆을 볼 수 없게 되자 코를 잘라내어 매부리코가 된 이야기는 충격적이었다.

산드로 보티첼리^{Sandro Botticelli}의 〈비너스의 탄생〉에 얽힌 사연도

시각 효과까지 고려한 다빈치의 〈수태고지〉(위).
보티첼리의 〈비너스의 탄생〉은 애절한 사랑 이야기가 숨겨져 있다(아래).

걸작답다. 비너스는 메디치가의 황금기인 위대한 로렌초 시절 제노바에서 온 어린 유부녀로, 빼어난 미모 덕에 피렌체 전체를 들썩이게 했다. 보티첼리가 사랑한 이 여성은 23살에 결핵에 걸려 세상을 떠나지만, 떠난 사랑을 잊지 못한 예술가의 손을 거쳐 비너스로 재탄생했다. 보티첼리는 사랑하는 여인의 발 앞에 묻어달라는 유언을 남겼고, 바라던 곳에 묻혔다. 위대한 작품 뒤에는 위대한 사랑이 있었다.

1470년대에 이탈리아에 유화 물감이 수입되기 시작한 사실도 주목할 만하다. 다음 전시실에 늘어선 긴 줄을 본 가이드가 우리를 다른 곳으로 이끌었다. 그곳에도 줄은 길었지만 조각상이라서 그나마 잘 볼 수 있었다. 〈메디치의 비너스〉였다. 기원전 1세기 아테네에서 제작된 뒤 16세기 초 로마에서 발굴된 조각상을 메디치가가 사들였다. 여러 각도에서 음미할 만큼 아름다웠다.

다빈치, 미켈란젤로, 카라바조

다음은 다빈치였다. 〈동방 박사의 경배〉는 미완성 작품이지만 대가는 역시 대가라는 진리를 실감하게 했다. 다빈치는 이 그림의 스케치를 끝내자마자 밀라노로 떠났는데, 다양한 인물들의 표정이 압권이다. 〈수태고지〉는 새의 날개를 연구한 결과를 잘 반영한 천사의 날개가 생생하다. 성모 마리아의 오른쪽 팔이 비정상적으로 큰데, 이 그림을 왼쪽 윗벽에 그린 탓이다. 아래쪽이나 오른쪽에서 그림을 보면

다빈치의 〈동방 박사의 경배〉.

미켈란젤로의 〈성 가족〉.

조토 본도네의 〈마돈나〉.

카라바조의 〈메두사의 머리〉.

기형이 사라진다. 다빈치는 이런 시각 효과까지 고려한 천재였다.

〈성 가족The Holy Family with the infant St. John the Baptist〉은 미켈란젤로가 둥근 판에 그린 유일한 그림으로, 딸을 얻은 한 상인에게 준 선물을 메디치가가 사들였다. 뒤쪽에 늘어선 인물 누드는 해부학을 체계적으로 공부한 다빈치 못지않다. 또 다른 미켈란젤로인 카라바조Michelangelo da Caravaggio가 남긴 〈메두사의 머리〉는 뱀 머리를 한 메두사를 방패에 그린 작품이다. 메디치가의 대리인인 프란체스코 마리아 델 몬테 추기경이 제작을 의뢰한 의식용 방패로, 완성된 뒤 메디치가에 기증했다. 방패에 그린 얼굴은 카라바조의 자화상이라고 한다.

이탈리아의 셰익스피어, 이단아 단테

우피치 미술관을 나와 회랑 앞에 서자 피렌체를 빛낸 이들을 기리는 동상들이 보였다. 단테도 있었다. 마키아벨리가 유배지에서 충격적인 내용을 담은 《군주론》을 쓴 이단아라면, 바로 그 옆에 묻힌 단테도 망명길에 나서는 등 평탄하지 못한 삶을 산 또 다른 이단아다.

단테는 무덤이 두 개다. 마키아벨리 옆에 자리한 단테의 무덤은 가짜다. 진짜 무덤은 피렌체에서 동북쪽으로 190킬로미터 떨어진 라벤나에 있다. 고향을 떠나 망명자로 떠돌던 단테가 여기에서 죽었다.

단테 유적을 찾아 나섰다. 먼저 생가 박물관이다. 단테 생가 앞 단테의 거리에 가니 고소한 냄새를 풍기는 노점 앞에 사람들이 줄을

피렌체 명물인 곱창버거를 사려는 줄(위).
채소가 없는 곱창버거는 느끼함의 끝판왕이다(아래).

서 있었다. 티본스테이크하고 함께 피렌체를 대표하는 먹거리인 곱창버거다. 한 번도 먹은 적이 없지만 곱창을 좋아하기 때문에 나도 줄을 섰다. 낯선 음식이기는 해도 처음에는 먹을 만했다. 채소를 하나도 안 넣어 느끼한 탓에 다 먹기가 쉽지 않았다. 이 노점들 옆에서 채소 넣은 곱창버거를 팔면 대박을 칠 수 있겠다.

종교를 안 믿고 기독교도 그리 좋아하지 않아서 《신곡》을 쓴 단테에는 관심이 없었다. 《신곡》을 쓴 일, 일찍 결혼하지만 우연히 만난 베아트리체라는 소녀를 향한 이상적 사랑을 형상화해 서구 문학에 '베아트리체'를 도입한 점, 댄 브라운이 단테 이야기를 주제로 《인페르노》를 쓴 사실 정도가 단테에 관해 아는 전부였다. 피렌체에 단테 유적이 많다고 해서 자료를 읽다가 '이단아 단테'를 알게 됐다.

단테는 '이탈리아의 셰익스피어'다. 모두 라틴어를 쓸 때 이탈리아어를 써서 이탈리아 문학의 초석을 다졌고, 30대 중반에 망명을 떠나 타지에 살다가 세상을 떠났다. 《신곡》도 망명 생활 중에 썼다. 교황과 군주를 둘러싸고 다양한 정파가 대립하던 피렌체에서 단테는 독립을 주장하다가 1302년에 유배 2년과 벌금형을 선고받았다. 잘못한 일이 없다고 생각한 단테는 벌금을 안 냈고, 피렌체는 영구 추방령을 내린 뒤 벌금을 내지 않은 채 돌아오면 화형에 처한다고 판결했다.

그 뒤 단테는 몇 차례 더 혁명을 준비하지만 동료들이 변절한 탓에 실패한 뒤 '1인 정당'으로 싸우겠다고 결심했다. 사면될 기회가 여러 번 있었지만 불명예스러운 조건이라며 거절한 천생 투사였다. 삶의 태도를 기준으로 보면 마키아벨리보다는 그람시에 가까웠다.

DANTE ALLIGHIERI

단테 골목에서 만난 '얼음 단테'(위),
우피치 미술관에 있는 단테 동상(아래).

가장 뛰어난 시인의 가짜 무덤

곱창버거 노점을 지나자 단테 유적들이 나타났다. 단테가 세례를 받은 교회 옆에는 작은 단테 흉상이 서 있었다. 매부리코가 인상적인 단테의 옆얼굴을 넣고서 '단테 생가 기념관'은 이쪽으로 가라고 알려 주는 포스터가 보였다. 가라는 대로 가니 얼음을 깎아 만든 단테의 상반신 조각이 뜨거운 햇볕에 녹고 있었다. 자기들이 추방한 단테를 관광 상품으로 만드느라 별 쇼를 다하는구나 싶어 쓴웃음이 나왔다.

단테 기념관은 단테 개인뿐 아니라 그 시대의 피렌체를 잘 보여 줬다. 성곽 도시 피렌체의 전경을 담은 그림과 유럽 정세를 설명하는 지도도 있었다. 단테의 아내가 피렌체의 군주 자리를 노리던 귀족 가문 출신이라는 설명도 들었다. 최초의 공화정이라 할 만한 민중 정부가 들어서는 과정에서 이 가문 사람들이 시민 정부 건물과 시민 의회 소집을 알리는 종각을 만들었다고 했다. 시대 상황을 들은 뒤 《신곡》 관련 자료가 진열된 다음 전시실로 갔다. 삽화가 들어간 여러 판본이 전시돼 있었고, 지옥을 그린 그림이 보였다. 《신곡》에 나오는 여러 인물을 묘사한 조각들은 조금 섬뜩했다. 기독교를 잘 모르는데다가 《신곡》을 읽지도 않은 탓에 이해나 공감을 하기가 쉽지 않았다.

단테 기념관을 보고 나오니 가짜 무덤과 우피치 미술관 회랑에 있던 동상이 떠올랐다. 이탈리아는 단테를 이탈리아 문학의 아버지로 높이 평가한다. 20세기 초에 처음으로 건조한 전함에 단테라는 이름을 붙일 정도다. 생전에 단테를 탄압한 피렌체는 사정이 좀 다르다.

단테 기념관 팻말(왼쪽)과 길 안내를 하는 단테 흉상(오른쪽).

단테 시대의 유럽과 피렌체를 보여주는 지도들.

피렌체는 단테가 유명해지자 라벤나에 유해를 돌려달라고 요구했다. 라벤나가 거절하자 1829년에 가짜 묘를 쓰고 묘비에는 '가장 뛰어난 시인을 경배하라'는 《신곡》 중 〈지옥편〉의 한 구절을 새겼다. 동상도 세우고 기념관도 만들었지만, 부끄러운 역사를 지울 수는 없었다.

마키아벨리, 그람시, 단테

2008년 피렌체 시의회는 단테가 죽은 지 700년 만에 피렌체가 단테에게 내린 처벌을 무효로 하는 법안을 통과시키고 최고 메달을 주기로 결정했다. 재건공산당 등 좌파 시의원들은 이런 결정이 희극이라고 비난하면서 반대표를 던졌다. "사람을 죽여놓고 살려주겠다는 꼴인데, 다시 살려낸다고 죽은 사람이 다시 살아날까?" 단테의 후손도 동조했다. "시가 한 사과는 충분하지 않기 때문에 메달을 안 받겠다. 오히려 나는 반대 의견을 듣고서 울 수밖에 없었다."

그람시와 마키아벨리처럼 단테도 잘못된 권력의 억압 때문에 유배를 떠나 망명 생활을 하는 어려움 속에서 불후의 명작을 남겼다. 이런 점에서 단테, 마키아벨리, 그람시는 하나다. 피렌체를 떠나려니 단테가 쓴 글들이 떠올랐다.

"화염은 작은 불씨 하나에서 시작된다." "지옥의 가장 어두운 곳은 도덕적 위기의 순간에 중립을 지킨 자들을 위해 예약돼 있다." "오늘밤을 기억하라. …… 영원의 시작이기 때문이다."

마키아벨리, 다빈치, 보르자가 거닐던 스포르차 성의 새 주인은 비둘기인가.

11장

이몰라

'새로운 군주' 체사레?

1502년 가을, 피렌체를 떠난 마키아벨리는 말을 타고 어딘가로 향했다. 목적지는 북동부에 자리한 이몰라였다. 마키아벨리 앞에는 《군주론》의 모델로 일컬어지는 체사레 보르자$^{Cesare Borgia}$가 행군을 하고 있었다. 유럽에는 프랑스나 에스파냐 같은 강력한 절대 왕정이 등장하고 있었지만, 이탈리아는 피렌체 같은 작은 도시 국가들로 나뉜 채였다. 교황 직할국도 그중 하나였다.

칼을 든 전직 추기경

마키아벨리는 피렌체의 외교 사절로 교황청을 자주 오갔다. 피렌체, 이몰라, 피사로 이어지는 '마키아벨리 로드'를 떠나기 전에 로마로 가 바티칸을 찾았다.

바티칸 앞에 줄을 선 관광객들.

바티칸 분수(왼쪽)와 바티칸 정문을 지키는 스위스 근위병(오른쪽).

바티칸 역에서 내려 올라가면 오른쪽으로 사람들이 긴 줄을 선 바티칸 박물관이 보인다. 왼쪽으로 돌아가면 옛날 복장을 한 스위스 근위병이 경비를 서는 바티칸 입구가 나온다. 마키아벨리가 외교 사절로 교황청에 올 때 드나든 곳이겠다. 그 문을 지나면 일반인이 출입할 수 있는 입구가 나오는데, 그곳으로 들어가면 분수가 보이고 바티칸이 한눈에 잡힌다. 마키아벨리는 바티칸에 와 무슨 생각을 했을까?

한국에도 방영된 미국 드라마 〈보르지아The Borgias〉는 15세기 무렵의 교황청을 적나라하게 그렸다. 보르자 가문의 '대장' 로드리고 보르자가 매수와 공작을 벌여 교황 자리에 오르니, 알렉산데르 6세였다. 로드리고 보르자의 서자인 체사레 보르자는 이복형이 갑자기 죽자 추기경 옷을 벗고 군인으로 변신해 이탈리아 정벌에 나섰다. 교황이 다스린 곳이지만 교황의 권위가 추락하면서 세금을 내지 않는 등 말썽을 피우는 북동부 지역(로마냐)을 정벌하고, 궁극적으로는 다른 유럽 국가들처럼 통일 왕국을 건설하려는 야망을 품은 채였다.

체사레 보르자는 이탈리아에 들어와 있는 프랑스의 지원을 받아 북동쪽의 작은 공국들을 공격하기 시작했다. 보르자는 피렌체도 이런 군사 작전을 같이하기를 바랐다. 자기를 돕지 않으면 피렌체를 공격할 수도 있다며 무력시위도 벌였다. 한 주민의 도움을 받아 피사 남쪽 지역인 카푸아를 정복한 뒤 그 주민을 공개 처형하고 3000명에 이르는 무장 시민, 귀족, 신부, 수녀를 학살했다. 자기 말을 듣지 않으면 이렇게 된다고 겁을 준 셈이었다. 피렌체는 마키아벨리를 파견해 체사레가 한 제안을 받아들일지 말지 판단하려 했다.

또 다른 동행, 호모 우니베르살리스

인류사를 통틀어 인간의 모든 능력을 한몸에 지닌 가장 전인적인 인간은 누구일까? 많은 사람이 화가이자 조각가이자 과학자인 '역사상 최고의 천재'이자 '호모 우니베르살리스homo universalis', 곧 만능인으로 불린 '르네상스 맨' 레오나르도 다빈치를 떠올린다.

다빈치와 마키아벨리는 두 프로젝트에 같이 참여한 '동료'였다. 한 명은 이미 세상의 인정을 받은 '대가 예술가'이고 17살 어린 다른 한 명은 아직 제대로 평가받지 못한 평범한 관리일 뿐이었지만, 다빈치와 마키아벨리는 같은 시대 같은 공간에서 활동한 거인이었다. 그중 하나가 체사레 보르자의 이탈리아 북동부 원정 프로젝트였다. 체사레 보르자를 따라 이몰라로 가는 마키아벨리 옆에는 다빈치도 함께 말을 타고 있었다.

다빈치는 주체할 수 없는 지적 호기심에 충만해 있었다. 뭔가 일을 시작해도 금세 싫증을 내어 끝내지 못하는 사람으로 악명이 높았다. 얼마 전 킹스 칼리지 런던의 마르코 카타니 교수가 〈다빈치의 역설〉이라는 논문을 발표했다(Marco Catani, "Leonardo da Vinci: A Genius Driven to Distraction", *Brain Published Online*, 2019). 카타니는 작업 습관과 행동 양식 등에 관한 역사적 기록과 주변 사람들이 한 증언을 분석해 다빈치가 주의력 결핍 과잉 행동 장애ADHD 환자라고 주장했다. 에이디에이치디의 특징은 왕성한 호기심이다. 처음에는 일을 밀어붙이지만 주의력 부족, 산만함, 충동성 때문에 변덕을 부리고 만다. 이런 '변덕스러운' 성격 덕에 회화에 집중하던 다빈치는 새로운 무기 개발 등에 관심이 생겼고, 체사레 보르자가 이끄는 군사 작전에 동행했다. 다빈치가 이 군사 작전에 참여한 덕에 엉뚱하게도 우리는 명작을 즐길 수 있게 됐다. 바로 가장 유명하고, 가장 많은 사람이 찾고, 가장 비싼 그림으로 《기네스북》에 등재된 〈모나리자〉다. 많은 사람이 주목하지는 않지만, 이 그림의 배경인 시냇물과 숲은 다빈치가 체사레 보르자를 따라 피렌체에서 이몰라로 가면서 스케치한 풍경이라고 한다.

여우 대 여우

마키아벨리의 흔적을 따라 피렌체에서 북동쪽으로 두 시간 거리인 이몰라로 향했다. 볼로냐 외곽에 자리한 소도시인 이몰라는 로마냐라고 부르는 이탈리아 북동 지역에 들어가는 관문으로, 한때 포뮬러원 경기장으로 유명했다.

체사레가 이끄는 군대가 나타나 군사력을 과시하자 이몰라는 놀라서 곧바로 항복했다. 다빈치는 정복한 도시에 들어가자마자 지도를 그리는데, 하늘에서 도시를 내려다본 혁신적인 방식이었다. 이 지도를 보고 만족한 체사레는 다빈치를 수석 군사 기술자로 승진시켰다. 인공위성 사진을 떠오르게 하는 이 지도는 시대를 앞서간 다빈치의 천재성을 증명하는 또 다른 걸작으로 일컬어진다. 그러나 단순히

〈모나리자〉의 배경이 된 이몰라 가는 길에서 본 전원 풍경(위).
마키아벨리, 다빈치, 보르자가 함께 거닐던 스포르차 성(아래)의 물 마른 해자에는 풀만 무성하다.

그런 문제일까? 다빈치의 고향 빈치에서 다시 이야기하자.

그 시절을 보여주는 유적은 대부분 사라졌지만, 로카 스포르차(스포르차 성)는 남아 있었다. 체사레가 정복하기 전에 이몰라를 지배한 루도비코 스포르차Ludovico Maria Sforza가 건설한 이 성은 여름이면 영화제가 열리는 아름다운 곳이다. 다빈치와 마키아벨리라는 두 천재와 '새로운 군주' 체사레 보르자가 이탈리아 통일이라는 야망을 불태우며 거닐던 성에는 물 마른 해자에 무성한 잡초와 벽돌 사이에 자리한 비둘기 집이 지나간 세월을 증언하고 있었다.

마키아벨리는 체사레 보르자를 따라다니며 비공식으로 군사 자문을 하는 한편으로 동향을 파악해 피렌체에 보고했다. 이런 사실을 아는 보르자도 피렌체로 가는 편지들을 몰래 입수해 읽었다. 요즘 식으로 말하면 도청을 한 셈이다. 마키아벨리와 보르자는 이몰라에서 다섯 달 동안 함께 지내면서 '여우 대 여우' 게임을 했다. 보르자가 편지를 읽는다는 사실을 아는 마키아벨리도 암호를 써서 피렌체에 비밀 메시지를 보냈다.

이런 관찰에 바탕해 마키아벨리는《군주론》7장에서 보르자를 분석했다. "왜냐하면 새로운 군주에게 좋은 본보기로서 발렌티노 공작(체사레 보르자)의 행동을 인용하는 것보다 좋은 가르침은 없기 때문이다." 보르자는 아버지가 지닌 힘과 도움 덕에 그 '지위'를 얻지만, 그 뒤 스스로 노력해 '미래의 권력'을 위해서 매우 강력한 기초를 구축하는 데 성공했다. 또한《군주론》에 서술된 많은 자질을 갖췄다. 교황청 출신답게 눈만 뜨면 사람 속일 궁리를 하고, 과감하고, 수단을 가리지 않았다. 특히 자기만의 군대를 가져야 한다는 점을 잘 알았다.

마키아벨리는 말했다.

> (보르자는) 새로운 군주국에서 적들을 효과적으로 다뤄 동맹을 맺어가며 정복하고, 무력이나 교활함으로 사람들에게 충성심과 외경심을 불러일으키고, 군대를 복종하게 하고, 자기에게 손해를 입힐지도 모르는 자들을 제압해 섬멸하고, 낡은 제도를 새로운 제도로 교체하고, 엄격하면서도 부드럽고 관대하면서도 인색하지 않게 행동하고, 불성실한 군대를 해체해 새로운 군대를 창설하고, 동맹을 유지해 다른 군주들이 기꺼이 이득을 가져다주거나 해를 가하지 못하게 했다.

다시 말해 행운 덕에 그 자리에 오르지만, '위대한 정신'과 '원대한 야망' 때문에 비슷한 처지인 다른 군주들하고는 다르게 행동했다. 불행하게도 행운의 여신은 보르자의 손을 들어주지 않았다. 후원자인 교황 알렉산데르 6세가 너무 일찍 세상을 떠났고, 보르자도 병이 들어 건강을 잃고 말았다.

불가능한 꿈과 치열한 고독 사이에서

결국 한때는 체사레 보르자에게 기대하고 유배 뒤에는 메디치가에 고대하며 마키아벨리가 품은 가장 큰 화두는 《군주론》의 결론에서 이야기하듯이 이탈리아 해방과 통일 국가 건설이었다. 마키아벨리는 프랑스 등 '야만족'에 시달리는 이탈리아를, 근대적 국민국가 시대에 중세의 시대착오적 유물인 소수 용병에 기대는 소국 기질과 '미니어처 정치'를 벗어나 새로운 통일 국가, 곧 '새로운 국민국가'이자 '새로운 공화국'으로 나아가게 하고 싶었다.

20세기 프랑스의 철학자 루이 알튀세르는 자기를 마키아벨리에 빗댄 《마키아벨리의 가면》이라는 미완성 원고에서 재미있는 해석을 제시한다. 마키아벨리가 《군주론》에서는 군주정을 지지하고 《로마사 논고》에서는 공화정을 지지하는 모순을 저지르고 있다는 주장이나 루소처럼 《군주론》이 공화주의에 관한 책이라는 주장은 모두 잘못이라고 비판한다.

알튀세르에 따르면 마키아벨리는 새로운 국가를 구상하면서 두 가지 계기를 고민한다. 첫째는 시작의 계기이고, 둘째는 지속과 확장의 계기다. 다시 말해, 첫째는 어떻게 하면 이탈리아를 합쳐 새로운 통일 국가를 건설하느냐이고, 둘째는 어떻게 하면 이 국가를 안정적으로 유지하고 확장하느냐다. 《군주론》은 '시작의 계기'에 관련한 책으로, 모든 절대적 시작은 혼자여야 하고 창건자의 절대적 고독을 필요로 한다는 점에서 새로운 군주에 관해 고뇌한다. 반면 《로마사 논고》는 인민 속에 뿌리내리지 않으면 안 되는 둘째 계기를 다루기 때문에 공화정을 강조한다. 따라서 마키아벨리는 강력한 군주를 이론화한 '절대 군주제'의 이론가가 아니라 '국민국가 형성을 위한 정치적 조건'을 다룬 이론가다. 알튀세르는 절대 군주의 시대에 도시 국가라는 피그미들로 갈가리 찢어져 외국의 지배를 받던 이탈리아에서 '필요 불가결하지만 현실적으로는 불가능한 꿈'인 새로운 국민국가의 창립(의 정치적 조건)에 관해 외롭게 고민한 점에서 '마키아벨리의 고독'을 이해해야 한다고 주장한다.

바로 이런 점 때문에 사회주의 혁명을 꿈꾼 그람시는 파시즘의 감옥에 갇혀 있으면서도 흔히 권모술수의 이론가로 불리는 마키아벨리, 그리고 절대 군주를 다룬 책으로 일컬어지는 《군주론》을 불러내어 새롭게 해석한 뒤 쓴 글에 '현대의 군주론'이라는 제목을 붙였다. 그람시는 반동(파시즘)의 시대에 마키아벨리하고는 또 다른 '필요 불가결하지만 불가능한 꿈'을 고민했다. 바로 노동 해방과 사회 변혁이라는 '좌파'의 꿈이었다.

21세기의 새로운 군주?

자본주의 사회에 관해 많은 이야기를 한 그람시는 아직도 우리를 여러 가지로 생각하게 만든다. 마키아벨리는 다르다. 격변의 시대에 지식인은 어떻게 살아야 하는지 고뇌한 마키아벨리는 우리에게 많은 물음을 던진다. 역사적 반동의 시기에 마키아벨리처럼 겉보기에 변절로 비치는 《군주론》 같은 책을 써서 새로운 권력자에게 헌정할까? 침묵하거나 또 다른 방식으로 저항할까? 언뜻 보면 마키아벨리의 시대와 현대 사회가 너무 다른 탓에《군주론》은 우익 포퓰리즘이 대두하는 현시대에는 별 관련이 없고 특별한 교훈도 주지 못하는 듯하다. 20세기 초의 그람시가 마키아벨리에게서 영감을 받아 〈현대의 군주론〉을 썼듯이, 21세기를 살아가는 우리도《군주론》에서 뭔가를 얻을 수 있을까? 마키아벨리는 우리에게 묻는다.

"나는 국민국가 시대에 미니어처 정치를 벗어나지 못하는 이탈리아를 바라보면서 '통일된 국민국가 이탈리아'라는, '실현 불가능할지 모르지만 필요 불가결한' 역사적 과제를 달성할 수 있는 조건과 주체('새로운 군주')를 외롭게 고민했다. 마찬가지로 '헬조선'과 '1 대 99 사회'로 상징되는 사회적 양극화와 시장 만능의 신자유주의 지구화, 그리고 여기에 맞선 반작용으로 우익 포퓰리즘이 만연한 현시대에 근본적 변혁을 통해 좀더 인간적인 사회를 만드는, '실현 불가능할지 모르지만 필요 불가결한' 시대적 과제를 달성할 수 있는 조건과 주체('21세기 군주')에 관해 당신들은 얼마나 치열하게 고민하는가?"

성벽의 도시 피사를 걷는 사람들.

12장

피사 1
다빈치의 실패한 프로젝트

이몰라를 떠나 다시 피렌체를 거쳐 피사에 도착했다. 피사는 피렌체와 마키아벨리에게 중요한 곳이었다. 마키아벨리 시절에 피사는 피렌체와 바깥세상을 잇는 항구이자 식민지였다. 프랑스가 쳐들어와 혼란에 빠진 틈을 타 피사는 독립을 선언했다. 피사를 잃으면 바다로 접근할 수 없게 되는 피렌체가 필사적으로 진압에 나서지만, 돈으로 산 용병에 기대는 피렌체는 시민군을 만들어 똘똘 뭉쳐 저항하는 피사를 압도할 수 없었다. 이런 모습을 보면서 마키아벨리는 상비군이 필요하다는 사실을 절감했다.

성벽의 도시 피사

피사에 도착하자마자 피사의 사탑을 제쳐놓고 옛 성터를 찾아 나섰

피렌체에 맞서 피사를 지켜준 거대한 성. 지금은 아치를 통해 차들이 드나든다.

다. 피사는 12세기부터 도시를 방어하느라 취약 지역을 중심으로 튼튼한 성을 쌓았다. 마키아벨리가 활동한 15세기 말에는 도시를 둘러싼 체계적인 성곽이 완성됐다. 피사를 공격한 피렌체 용병대의 대장이 견고한 성벽에 막혀 원정에 실패한 뒤 사형당하기도 했다.

지금도 성곽의 도시로 불릴 만큼 피사는 이탈리아에서 중세 시대 성곽이 가장 잘 보존된 도시다. 성곽 지대로 가자 아치형 성문을 통해 차들이 드나들고 있었다. 그 위로 이어진 성곽에 사람들이 많이 보였다. 보존이 잘된 덕에 3~4킬로미터 정도 성곽을 걷는 프로그램이 많았다. 성곽은 그 밑을 걷는 사람들 키의 4~5배가 될 만큼 높았다. 피렌체가 피사를 공격하느라 애먹은 까닭을 알 수 있었다.

마키아벨리가 날마다 걸어서 출근한 베키오 다리는 피렌체의 한가운데를 흐르는 아르노 강 위에 놓여 있다. 아르노 강이 서쪽으로 계속 흘러 바닷가 가까이 다다라 마주치는 곳이 피사다. 피렌체에서 흘러와 피사를 관통하는 아르노 강을 잘 볼 수 있는 곳을 찾아 나섰다. 다리 몇 개를 건너며 헤매다가 강변에 차를 세웠다. 도도하게 흐르는 아르노 강을 바라보며 마키아벨리와 다빈치를 떠올렸다.

아르노 프로젝트

르네상스 시대 피렌체의 두 천재인 마키아벨리와 다빈치는 두 가지 프로젝트를 함께했다. 하나는 체사레 보르자의 이탈리아 북동부 원정이고, 다른 하나는 아르노 프로젝트다. 차를 세운 아르노 강이 마키아벨리와 다빈치가 함께한 프로젝트의 현장이었다. 시민군이 지키는 피사를 정복하는 데 실패한 피렌체는 아르노 강이 흐르는 방향을 바꾸기로 했다. 피사를 거쳐야 하는 물길을 끊고 피렌체까지 배가 들어올 수 있게 만든다는 야심 찬 기획이었다.

이 엄청난 프로젝트의 아이디어를 낸 사람이 누구인지는 분명하지 않다. 뛰어난 군사 전략가 마키아벨리라는 주장도 있고, 다빈치라는 사람도 많다. 누구 아이디어이건 최고 두뇌 두 사람이 이 계획을 함께 수행한 점은 확실하다.

다빈치는 아르노 강보다 깊고 넓은 운하를 파서 댐을 만들면 물길을 돌릴 수 있다고 봤다. 그러려면 시작 지점 너비 24미터에 종결 지점 너비 19미터이고 깊이 10미터에 길이 1.6킬로미터짜리 운하를 만들어야 했다. 흙 100만 톤을 파내야 하고 연인원 5만 명이 필요하다고 계산한 다빈치는 땅을 파고 흙을 옮기는 기계까지 설계했다.

1503년 다빈치가 한 설계를 바탕으로 아르노 강 운하 공사가 시작됐다. 공사를 진행한 수석 엔지니어는 막대한 비용과 인력이 들어가는데다가 전쟁도 빨리 끝내야 하니 속도를 내라는 압력에 시달린 끝에 설계를 바꿨다. 애초 설계하고 다르게 너비 18미터에 깊이 4미터짜리 운하와 너비 12미터에 깊이 4미터짜리 운하를 따로 팠다. 한 달 만에 일단 운하를 두 개 파는 데 성공하지만 흙을 옮기는 작업은 보통 일이 아니었다.

많은 인력이 필요한데다가, 소식을 들은 피사가 군대를 보내 공사를 방해했다. 운하가 너무 얕아 물길을 바꾸지 못했고, 큰 줄기는 여전히 피사 쪽으로 흘렀다. 더 깊이 파려 했지만 홍수가 나서 이미 파놓은 운하까지 쓸어갔다. 학자들은 이 공사가 그 시기 기술 수준으로 불가능한 프로젝트여서 실패할 운명이었다고 말한다. 프로젝트가 성공해 피사가 고사했으면 마키아벨리와 다빈치는 어떤 평가를 받았을까? 유유히 흐르는 아르노 강은 답이 없었다. 피사뿐 아니라 피렌체의 두 거인을 생각하면 다행스런 실패였다.

식민지 없는 민주주의는 가능한가

아르노 강 수로 변경 프로젝트는 실패하지만, 마키아벨리는 자기가 창설한 시민군을 동원해 마침내 피사를 정복했다. 그러나 공화정이 무너지면서 공직을 떠나야 했고, 피사 정복에 비판적인 견해를 밝혔다. 협상 없이 무조건 공격한 행동은 잘못이라고 봤다. 자유에 근거한 '공화국'이 타인의 자유를 공격하는 행동은 위험하고, 그 과정에서 자기들의 자유와 안전을 희생해야 한다는 점을 인식해야 하고, 전쟁에서 이기더라도 '정의 없는 승리'는 결코 안정적이지 않은 만큼 지킬수 없는 것은 차지하지 말아야 한다고 마키아벨리는 말했다.

　서구 역사는 마키아벨리가 보낸 경고를 정반대로 실행했다. 안으로는 민주주의 발전의 궤적이었지만, 밖으로는 제국주의의 역사였다. 민중 문학이 태동하기 전인 대학 초년생 시절에 최인훈이 쓴 '지

피렌체에서 피사를 거쳐 바다로 가는 아르노 강(위)과 강 위의 다리(가운데).
다빈치가 설계한 아르노 강 운하 건설 장비 모형(아래).

식인 소설'을 읽었다. 《회색인》에서 외롭고 냉소적인 지식인 독고준은 '인도와 셰익스피어를 바꾸지 않겠다'는 영국인들의 말이 인도라는 식민지 덕에 할 수 있는 오만한 발언이라며 묻는다. "식민지 없는 민주주의가 가능한가?" 나아졌다고 하지만 아직도 제3세계에 만행을 저지르는 서구 민주주의 국가들에 마키아벨리가 보낸 경고는 여전히 유효하다. "남을 노예로 만들어놓고 자기가 자유로울 수는 없다."

피사를 끝으로 마키아벨리 기행을 마치면서 한국의 현실이 떠올랐다. 세계, 특히 미국과 유럽에서는 우익 포퓰리즘이 기승이다. 미국은 보수인 공화당이 좌파로 보일 만큼 극우인 도널드 트럼프가 백악관에 입성해 세계를 시끄럽게 하는 중이고, 영국은 유럽연합을 탈퇴한 브렉시트로 몸살을 앓고 있다. 다행히 한국은 박근혜와 최순실 덕에 역사적인 촛불 항쟁을 거쳐 문재인 정부가 탄생하는 민주주의의 전진을 경험했다. 시간이 흘러 고공 행진하던 문재인 정부의 지지율이 떨어지자 우리 사회에도 우익 포퓰리즘 시대가 열릴지 모른다는 목소리가 들렸다. 나는 고 노무현 전 대통령의 운칠기삼과 마키아벨리의 운명론이 떠올랐다.

"이 사람아, 운칠기삼이지."

대통령 당선 뒤 청와대에 초청받은 '노무현을 사랑하는 사람들의 모임'(노사모) 회원들이 어떻게 대통령 후보 자리를 놓고 정몽준 의원하고 후보 단일화를 추진할 수 있었냐고 묻자 노무현 대통령이 한 대답이다. 승부는 7할의 운에 3할의 노력을 더해야 한다는 말이었다.

'운칠기삼'과 '운오기오'

마키아벨리도 일찍이 포르투나와 비르투^{virtu}로 운칠기삼을 설명했다. 포르투나가 '운'이라면, 역능이라고 옮기는 비르투는 '기'다(쉽게 말해 실력이다). 마키아벨리도 운의 중요성을 인정한다. "운명이란 우리 행동의 절반에 관해서만 중재자이며, 나머지 절반은 대체로 우리 인간이 통제한다." 운이 5할이고 기가 5할, 곧 '운오기오'라는 말이다.

> 행운만 믿고 있는 군주는 자기의 행운이 다할 때 재난에 빠지게 돼 있다.

> 호의와 행운은 너무 변덕스럽고 불확실한데다가, 여기에는 권력을 유지할 수 있는 지식과 능력이 없다.

마키아벨리가 한때 '이탈리아 통일'이라는 꿈을 이룰 수 있는 '새로운 군주'로 기대한 체사레 보르자가 대표 사례다. 자기 실력이 아니라 교황의 아들이라는 행운과 프랑스가 준 도움 덕에 승승장구하지만 운이 다하자 추락하고 말았다. 마키아벨리가 지적한 대로 자기가 지닌 역능이 아니라 적이 두는 '악수'나 행운에 기대는 정치는 결코 성공할 수 없다. 문재인 정부가 촛불 정신을 어느 정도라도 실현하려면 역능을, 특히 '사자의 힘'과 '여우의 교활함'을 모두 갖춰야 한다.

군주는 ······ 여우와 사자를 모범으로 삼아야 한다. 사자는 함정에 빠지기 쉬운 반면 여우는 늑대를 물리칠 수 없기 때문이다. 결국 함정을 알아내려면 여우가 돼야 하고, 늑대를 물리치려면 사자가 돼야 한다.

문재인 정부와 이른바 '민주 개혁 세력'은 촛불 초심으로 돌아가 민심에 귀기울여야 한다. 전세계에 우익 포퓰리즘이 기승을 부리는 이유도 좌파를 비롯한 기성 정치가 민심을 제대로 읽지 못하기 때문이다. 다시 한 번 마키아벨리는 경고한다.

군주가 가질 수 있는 최고의 요새는 민중의 미움을 받지 않는 정치다. 요새를 가지고 있다고 해도 백성들이 군주를 미워하면, 그런 요새는 별 도움이 되지 않는다.

피사의 사탑 위와 아래에 있는 사람들.

13장

피사 2

그래도 지구는 돈다?

"피고는 유죄다. 따라서 우리가 바라는 기간 동안, 검사성의 정식 감옥에 투옥할 것을 명한다. 잘못을 뉘우칠 수 있도록, 피고에게 앞으로 3년간 매주 한 번, 7차례 참회 시편을 암송할 의무를 부과한다. 다만 참회 기간 동안에는 형벌의 일부를 감하고, 변경하고, 철회할 권한은 우리가 갖는다."

마키아벨리가 지하 감옥에서 고문을 당한 지 120년이 지난 1633년 6월 22일 로마에 자리한 산타마리아 소프라 미네르바 성당에서 열린 종교 재판은 이렇게 판결했다. 관례에 따라 참회의 뜻으로 흰옷을 입은 70세 노인은 서럽게 흐느꼈다. 지동설을 주장해 종교 재판에 회부된 갈릴레오 갈릴레이였다.

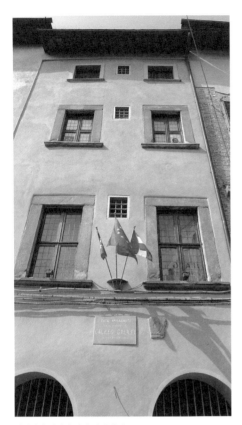

갈릴레이 생가인 카사 아마나티.

카사 아마나티

옛 성벽과 아르노 강을 떠나 피사를 대표하는 인물인 갈릴레이를 찾아 나섰다. 갈릴레이는 피사에서 음악가의 아들로 태어나 여덟 살에 피렌체로 이사해 그곳에서 자랐지만, 다시 피사로 돌아와 피사 대학교 의대에서 수학을 공부했다. 피사 대학교 교수로 일하고 피사의 사탑에서 유명한 낙하 실험도 했다.

갈릴레이는 '진자의 길이가 일정하면 진자가 흔들리는 진폭에 상관없이 주기는 일정하다'는 진자의 동시성 법칙 등으로 명성을 얻으면서 메디치가가 지배하는 토스카나 대공국 전속 수학자 겸 철학자로 자리를 옮긴다. 일종의 승진이자 몹시 바란 꿈의 직장이었다. 그렇지만 이직을 계기로 천문학에 본격적으로 몰두하게 된 점에서 보면 복이 화를 불러온 셈이었다.

피사와 피렌체를 오간 이력 때문에 갈릴레이의 유적은 두 도시에 흩어져 있다. 생가와 사탑은 피사로, 박물관과 유배지는 피렌체로 가야 한다. 피사에 오기 전 피렌체에서 갈릴레이 박물관에 들렀는데, 이름만 갈릴레이 박물관이지 피렌체의 과학기술 발전에 관련된 전시물이 90퍼센트는 됐다. 갈릴레이에 직접 관련된 전시물은 망원경, 지구본, 천체 모형뿐이었다.

내비게이션에 갈릴레이 생가를 쳤다. 아무 표시도 없는 아파트 같은 곳에 도착한 뒤, 그래도 갈릴레이 생가 정도면 뭔가 다를 텐데 싶어 주위를 둘러봤다. 한참을 헤매다가 깃발을 걸어놓고 현판을 단 3

피사의 사탑이 자리한 기적의 광장은 무료이지만, 사탑에 올라가려면 요금을 내야 한다.

층짜리 붉은 벽돌집을 발견했다. 여기라는 느낌이 들어 살피니 '카사 갈릴레오'(갈릴레오의 집)가 아니라 '카사 아마나티' 아닌가? 잘못 찾았나 싶어 돌아서려는데, 밑에 '갈릴레오 갈릴레이'라는 글자가 보였다. 아마나티는 갈릴레이 어머니의 이름이었고, 어머니가 갈릴레이를 낳은 집이라는 뜻에서 그런 이름이 붙어 있었다.

바로 세우면 안 되는 탑

갈릴레이 생가를 찾았으니, 다음은 피사의 사탑이었다. 광장은 입장료가 없었다. 이탈리아에서 돈 안 받는 관광지는 처음 본 듯했다. 사탑 주변은 전세계에서 온 사람들로 인산인해였다. 입장료를 받으면 큰돈을 벌겠지만, 공짜라는 생각에 몰려든 사람들이 이런저런 돈을 쓰게 되니 어쩌면 더 탁월한 상술이었다. 사진으로 많이 봐 익숙한 피사의 사탑은 두 눈으로 직접 마주하니 생각보다 훨씬 높고 컸다. 푸른 하늘을 배경으로 서 있는 기울어진 하얀 탑은 매혹적이었다.

원근 효과를 활용해 피사의 사탑을 똑바로 세우려고 힘을 쓰는 모습을 찍는 사람들이 여기저기 보였다. 몇몇은 사탑에 올라가려고 긴 줄을 서 있었다. 줄 서서 기다리기도 힘들고 아픈 무릎으로 올라가기는 더 무리라서 일찌감치 포기했다. 1년에 300만 명을 넘는 사람이 사탑에 올라가려고 입장료를 낸다. 사탑이 자리한 기적의 광장은 공짜이고 사탑은 돈을 받는 이중 전략이었다.

1178년에 완공된 피사의 사탑은 지난 800년 동안 점점 기울어져 두 차례 똑바로 세우는 공사를 하지만 모두 실패했다. 1993년에 5도까지 기울어 붕괴될 위험이 높아지자 피사 시는 사탑을 폐쇄한 뒤 2001년까지 전문가들을 불러 복원 작업을 벌였다. 그 결과 붕괴 위험이 없는 4도 이하로 기울기가 줄어들어 200년 전 수준을 회복했고, 여기에 자동 복원력까지 더해져 상태가 더욱 개선됐다.

피사 시는 더는 탑을 똑바로 세우지 않기로 했다. 사탑이 똑바로 서면 관광객이 크게 줄어들까 걱정한 때문이었다. 현재 상태로 200년은 안전하다고 전문가들은 말했다. 사탑을 세운 뒤 피사는 지진을 네 번 겪었지만 탑은 기적처럼 무너지지 않았다. 지반이 물러서 약 4도 정도 오른쪽으로 기울었는데, 바로 이 무른 땅이 충격을 흡수한 덕이었다. 탑을 기울게 만든 원인이 거꾸로 지진을 견딘 비결이라니, 자연의 신비라고 할 만하다. 이 많은 사람들이 기울어진 탑을 보려고 이곳에 오는 만큼 피사 사람들은 무른 땅에 고마워해야 마땅하다.

혁명가가 아니라 과학자

갈릴레이는 이 기울어진 탑에서 제자들을 이끌고 물체 낙하 실험을 했다. 무거운 물건과 가벼운 물건을 같이 떨어트리면 무거운 물건이 먼저 떨어진다는 아리스토텔레스의 주장이 정설로 받아들여진 때였다. 기울어진 탑은 낙하 실험을 하기 좋은 곳이었다. 갈릴레이는 무거운 물건과 가벼운 물건을 떨어트리면 무게에 상관없이 두 물체가 동시에 땅에 떨어진다는 사실을 증명했다. 낙하 실험 이야기는 갈릴레이의 제자가 쓴 전기에 기록된 일화인데, 연구실에 앉아 머릿속으로 한 실험일 뿐이라는 주장도 있다.

알버트 아인슈타인이 '현대 과학의 아버지'라고 부른 갈릴레이는 원래 수학자였다. 새로운 발명품인 망원경을 구해 천체를 연구하면서 태양이 아니라 지구가 움직인다는 코페르니쿠스의 지동설을 지지하게 됐다. 많은 역사적 사건이 그렇듯이 수난은 우연에서 시작됐다. 한 제자가 술자리에서 스승이 세운 업적을 자랑하며 지동설을 이야기하자 누군가 갈릴레이를 고발했다. 교황청은 극비 조사를 거쳐 갈릴레이를 불렀다.

"지동설을 전면적으로 포기하고, 앞으로는 구두든 문서든 그런 생각을 품거나 가르치거나 옹호해서는 안 된다."

극비 조사가 진행 중이라는 소식을 전해 듣고 이미 마음의 준비를 한 갈릴레이는 판결을 받아들였다. 곧바로 천문학 관련 연구와 출판을 중단하지만, 시간이 흐른 뒤 금지 명령을 피해서 자기만의 주장을 펼 방편으로 조석 간만 현상을 연구했다. 천동설을 주장하는 아리스토텔레스 지지자와 지동설을 주장하는 코페르니쿠스 지지자들이 논쟁하고 대화하는 《천문 대화Dialogo sopra i due massimi sistemi del mondo, tolemaico e copernicaon》(1632)도 썼다. 갈릴레이는 지동설을 주장하지 않으면서 두 이론 사이의 논쟁을 소개하는 형식을 취한 이 책을 들고 교황청에 가 검열을 받았다. 여러 번 수정해 책을 내지만 다시

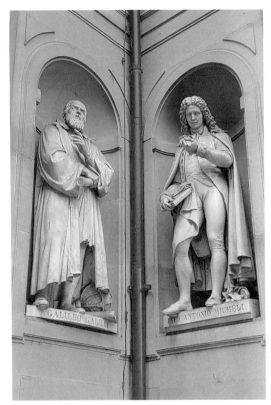

우피치 미술관에 서 있는 갈릴레오 갈리레이(왼쪽)와 피에르 안토니오 미셸리(오른쪽).
갈릴레이는 혁명가가 아니라 과학자다.

문제가 제기됐고, 책 내용을 비롯해 출판 허가 등 출판 과정 전반을 조사받았다. 이번에는 종교 재판을 피할 수 없었다.

종교 재판에 회부되자 갈릴레이는 굴욕적인 자세를 보였다. "지구가 정지돼 있고 태양이 움직인다는 의견이 진실이며 의심의 여지가 없다고 생각합니다. 그런데도 코페르니쿠스의 지동설을 지지한 행동은 헛된 야심과 일반 대중 작가들보다 똑똑해 보이고 싶다는 자만심에서 비롯됐습니다." 갈릴레이는 혁명가가 아니었다. 그람시처럼 자기주장을 굽히지 않으면서 과학을 위해 자기를 바치는 순교자의 길을 걷지 않았다. 갈릴레이는 판결이 내려진 날에도 '저 갈릴레오 갈릴레이는 이렇게 자필로 이단을 포기합니다'는 각서를 냈다. 이단 심판부는 갈릴레오 갈릴레이를 유죄로 판결하고 실형을 선고했다.

꽉 닫힌 문, 유배 중인 과학자

근대의 여명이 밝아오면서 싹트던 '과학'에 종교가 제동을 거는 역사적 순간이었다. 갈릴레이는 곧바로 검사성 내부 감옥에 갇히지만, 다음날 그동안 과학에 한 공헌을 참작하고 고령을 감안해 감옥형 대신 메디치가 저택에 주거를 제한하는 가택 연금으로 감형됐다. 반년 뒤에는 밖으로 나가거나, 외부인을 부르거나, 찾아온 사람을 만나 대화를 나눌 수 없다는 조건 아래 피렌체 근교 아르체트리에 자리한 집으로 돌아갈 수 있었다. 엄하게 처벌하자는 강경파와 적당히 용서하

갈릴레이 유배지라는 사실을 알려주는 벽 속 조각상(위).
지동설을 설명하는 여러 유물들(아래).

자는 온건파가 타협해 감옥형을 선고하되 곧 사면하는 방식을 택했다. 갈릴레이 재판을 연구한 어느 연구자는 이단을 인정하고 감형을 선택한 행동은 현명했다고 주장한다. 지동설을 고집하다가 사형을 당했으면 《새로운 두 개의 과학Discorsi e dimonstrazioni mathematiche intorno a due nuove scienze attenenti alla meccanica》(1636)을 우리에게 선물하지 못했을 테니 말이다.

갈릴레이가 갇혀 지낸 아르체트리는 아르노 강 남쪽, 마키아벨리 유배지인 나쁜 호텔로 가는 길에 자리했다. 피사에 오기 전에 마키아벨리 유배지를 찾으면서 들렀다. 바로 옆에 레스토랑도 보이고 누구든 드나드는 마키아벨리 유배지하고 다르게 모든 문이 굳게 닫혀 있었다. 꽤 큰 집이지만, 외부에 공개하지는 않는 듯했다. 둥글게 벽을 파낸 곳에 놓인 갈릴레이 얼굴 조각만이 이곳이 갈릴레이의 집이라는 사실을 알려주고 있었다.

일흔이 넘은 갈릴레이는 유배된 뒤에도 재판 때 받은 충격을 잊으려는 듯 연구에 몰두했다. 논쟁거리가 될 만한 천문학은 손대지 않고 지상 역학만 연구했다. 외출을 하려면 사전 허가를 받아야 했고, 가택 연금은 해제되지 않았다. 3년 뒤《새로운 두 개의 과학》을 발표하고, 6년 뒤 숨을 거뒀다.

벽을 파고 자리한 갈릴레이의 얼굴을 보자, 종교가 지배한 암흑의 시대에 진리를 이야기하다가 수난을 겪고 굴욕적인 이단 포기 각서까지 쓴 과학자의 기구한 삶이 떠올라 묵념을 올리지 않을 수 없었다. 세상에서 가장 어려운 일이 종교에 맞선 싸움이다.

갈릴레이 사태는 현재 진행형

갈릴레이 재판은 끊임없이 '정치화'됐다. 18세기 후반과 19세기 초반에 프랑스를 중심으로 확산한 과학적 합리주의와 계몽주의는 이 재판을 이성과 과학 대 구질서가 벌인 투쟁의 상징으로 선전했다. 계몽주의자들은 이런 말로 갈릴레이에게 유죄 판결을 내린 이단 심판관을 힐난했다. "무지가 권력으로 무장할 때만큼 인간의 본성이 추락하는 사례는 없다." 갈릴레이가 유죄를 받고 나오면서 했다는 말은 이때 만들어진 신화다. 저 유명한 '그래도 지구는 돈다'는 말은 계몽주의 이전에 출판된, 제자가 쓴 갈릴레이 전기에는 나오지 않는다.

　권력자 중에서도 계몽주의를 신봉해서 갈릴레이를 사랑한 사람이 있었다. 바로 나폴레옹 보나파르트다. 1798년 이탈리아를 침공한 나폴레옹은 교황을 퇴위시키고 로마 공화국 수립을 선포한 뒤 바티칸의 모든 문서를 몰수해 프랑스로 이송하라는 명령을 내렸다. 10만 권이 넘는 문서를 옮겼는데, 나폴레옹은 갈릴레이 관련 문서는 특별히 따로 가져오라고 지시했다. 나폴레옹은 이 문서들을 정식 출간하려 했다. 과학 발전을 가로막는 가톨릭의 무지를 폭로하는 도구로 삼을 작정이었다. 한쪽은 이탈리아어로 인쇄하고 한쪽은 프랑스어로 인쇄해 출판할 계획을 세운 뒤 예산도 많이 확보했다.

　서문에는 이런 구절이 들어 있었다. "이 문서들은 갈릴레이를 고발한 사람들의 배신과 무지를 명명백백하게 보여준다. 이 책은 나폴레옹 각하의 통치와 시대정신을 공유한다." 나폴레옹이 실각하면서 이 출판 계획은 틀어졌고, 바티칸이 돌려달라고 하는 바람에 문서들은 로마로 돌아왔다.

갈릴레이가 유죄 판결을 받은 지 360년이 된 1992년, 요한 바오로 2세 교황은 가톨릭 수장의 자격으로 이 재판에 유감을 표시했다. 이어 2008년에는 바티칸 안에 과학과 인류의 발전에 한 공헌을 기념하기 위해 갈릴레이 동상을 세울 계획을 발표하지만, 동상 건립은 얼마 뒤 연기됐다. 신학적 원칙을 강조하는 보수파가 반발한 듯하다. 신학과 과학 사이의 대립과 긴장을 상징하는 '갈릴레이 사태'는 아직도 진행형인 셈이다.

다빈치 발명품 앞에 선 이탈리아 어린이. 눈빛이 예사롭지 않다.

14장

빈치

다빈치는 '전인적 인간'인가

현대는 '융합의 시대'다. 대학도 융합 교육을 추구한다. 2010년대 초 서강대학교 사회과학대 학장으로 일하던 나는 갑자기 신설 지식융합학부 학장을 맡게 됐다. 융합 교육의 기초를 닦아달라는 부탁을 받았다. 그래서 만든 과가 '아트앤테크놀로지'다.

피사를 떠나 '역사상 가장 완벽한 전인적 인간'이라고 평가받는 레오나르도 다빈치의 고향인 빈치를 찾아가자니 아트앤테크놀로지과를 만들어 의욕적으로 일하던 때가 떠올랐다. 다빈치는 스티브 잡스가 가장 존경한 융합의 귀재였고, 우리는 아이폰을 만든 스티브 잡스처럼 예술과 첨단 과학, 인문학적 상상력을 모두 갖춘 '21세기 인재'를 키우자는 야심에 가득차 있었다.

다빈치의 도시 빈치에 왔다고 알려주는 팻말(위).
교외에 있는 다빈치 생가(아래).

빈치 출신 레오나르도

다빈치가 빈치 출신이어서 그곳에 가면 다빈치에 관련해 볼 것이 많다는 이야기를 들었다. 다빈치가 유명해지니까 마을 이름을 빈치로 바꿨구나 생각했는데, 알고 보니 마을 이름이 빈치여서 레오나르도의 성이 다빈치였다. '빈치 출신 레오나르도'라는 뜻인데, 일종의 사생아인 탓에 아버지 성을 쓸 수 없어서 출생지인 빈치를 성으로 삼았다.

피렌체 인구가 40만 명이고 피사가 10만 명인 반면, 빈치는 1만 명 남짓인 소도시였다. 작기는 해도 다빈치를 낳은 곳답게 예술적이었다. 민박 숙소도 인테리어부터 모든 것이 우아했다. 저녁을 먹으러 간 식당도 마찬가지였다. 스테이크, 새우튀김과 오징어튀김, 해물 리소토는 예술의 경지였다. 우아한 침실에서 편안히 잠을 자고 아침을 먹으러 내려갔다. 소박한 이탈리아풍 조식도 정말 맛있었다.

다빈치의 도시 빈치에서 꼭 들러야 할 다빈치 관련 볼거리는 세 가지였다. 지도를 펼쳐서 중심가에 자리한 다빈치 박물관, 중심가를 벗어난 곳에 보이는 다빈치 미술관, 조금 더 먼 다빈치 생가를 확인했다. 먼 곳부터 거슬러 오기로 하고 차를 몰았다. 시내를 벗어나자 올리브나무에 둘러싸인 아름다운 오솔길이 나타났고, 한참을 달려 다빈치 생가에 도착했다.

다빈치는 마키아벨리보다 17년 앞선 1452년에 스물다섯 살 미혼 변호사와 열다섯 살 소녀 농부 사이에서 태어났다. 다빈치가 태어난 뒤 다른 여자를 만나 결혼한 아버지는 아들을 피렌체로 데려가 유명

벽난로가 있는 다빈치 생가의 거실. 검은 흉상이 이색적이다(위).
21세기 다빈치를 꿈꾸는 어린이들이 그린 미술대회 수상작들(아래).

한 화가에게 맡겼다. 그림에 뛰어난 재능을 발휘한 다빈치는 화가로 성장해서 자립한 뒤 명성을 쌓았다. 밀라노에 불려가 〈최후의 만찬〉을 그렸고, 세계에서 가장 유명한 그림이라고 할 수 있는 〈모나리자〉 등을 남겼다. 그림에 만족하지 않고 인체 해부학에 도전하거나 비행기와 잠수함 등을 설계하는 등 시대를 앞선 과학자로 활동하기도 했다. 지적 호기심이 왕성해서 체사레 보르자를 수행하는 도중에도 혁신적인 이몰라 지도를 만들었다. 평생 채식주의자에 결혼도 하지 않은 다빈치는, 프랑수아 1세의 초청을 받아 프랑스에 가서 작업을 하다가 세상을 떠났다.

다빈치 생가는 널따란 돌집이었다. 아직도 베일에 싸인 다빈치의 어머니에 관해 연구한 어느 학자는, 조금 떨어진 곳에 살던 열다섯 살짜리 어린 어머니가 다빈치의 친할아버지가 사는 이곳에 와 다빈치를 낳았다고 주장한다. 다빈치 생가라고 표시된 벽을 지나 안으로 들어가자 벽난로가 보이는 넓은 거실이 나타났다. 벽에는 검은 돌로 조각한 다빈치 흉상이 놓여 있었다. 왜 검은 다빈치일까?

옆방으로 가니 어둠 속에서 다빈치의 생애와 예술을 보여주는 동영상을 상영하고 있었다. 다음 방에는 여러 그림에 더해 다빈치가의 역사, 다빈치의 활약상, 다빈치 관련 기념사업 등이 잘 설명돼 있었다. '다빈치의 마지막 여정'이라는 제목 아래 다빈치가 세상을 떠난 프랑스 여행의 경로를 표시한 지도도 보였다.

다음 방은 서투르지만 생동감 넘치는 그림들로 가득했다. 다빈치를 기려 열리는 국제 어린이 미술대회 '평화를 위한 색채'에서 상을

다빈치 미술관 앞 올리브나무 앞에 앉아 있는 노인.

받은 작품들이었다. 그림을 매개로 자라나는 세대에게 평화의 가치를 알리는 이 대회는 2015년 시작했는데, 110개국 어린이들이 낸 1만 8000점 중에서 뛰어난 작품을 뽑아 전 세계를 돌며 전시하고 있었다.

다빈치의 빈치, 빈치의 다빈치

다빈치 미술관 앞에는 늙은 올리브나무들이 구부러진 가지를 뻗고 있었다. 하늘로 비상하려는 다빈치의 예술혼을 보는 듯했다. 그 앞에는 백발 할머니가 언덕길이 힘겨운 듯 지팡이를 옆에 놓고 앉아 있었다. 길을 건너자 '다빈치와 그림'이라는 팻말이 붙은 자그마한 붉은 벽돌집이 나타났다. 밀라노 성당에 전시된 〈최후의 만찬〉, 우피치 미술관에서 원본을 본 〈동방 박사의 경배〉 등 다빈치가 그린 유명한 작품들의 복사본이 걸려 있었다.

다빈치 박물관은 미술관에 견줘 규모부터 달랐다. 길가에 차를 세우고 계단을 한참 올라가야 나타나는 박물관은 입구가 두 곳으로 나뉘어 있었다. '다빈치를 위한 빈치'라고 쓴 커다란 포스터가 눈에 띄었다. 다빈치 사망 500주년을 기념해 2019년 4월부터 12월까지 축제가 열리고 있었다. 때를 잘 맞춰 온 셈이었다.

이 박물관은 '과학자 다빈치'를 콘셉트로 삼아 다빈치가 만들거나 설계한 기계 등을 전시하고 있었다. 입구에는 시기와 지역으로 나눠 다빈치가 펼친 활동을 정리해놓았다. 다빈치는 천문학, 예술(회화,

다빈치 관련 기념물 중에서 가장 규모가 큰 다빈치 박물관(위).
다빈치 사망 500주년을 기념해 열린 축제 포스터(아래).

조각, 건축), 의학, 직조, 공학 등 여러 분야에 관심이 많았다. 복잡한 설계도와 그런 설계도를 바탕으로 만든 기계들이 쭉 이어졌다. 다빈치가 직접 만든 기계인지, 설계도만 그린 기계인지 알 수는 없었다. 타고난 문과형 인간이라서 쉽게 판단할 수 없었지만, 500여 년 전에 이런 생각을 한 사실 자체가 놀라웠다.

　한 층을 더 올라가자 유명한 그림이 보였다. 인간 신체를 가장 완벽하게 재현한 '비트루비우스 인체 비례'다. 비율이야 완벽하지 않지만, 나도 두 팔 벌리고 기념사진을 찍었다. 다빈치가 그린 인체 해부도들을 보다가 《소설 동의보감》의 한 장면이 떠올랐다. 신체 훼손을 금지하는 조선에서 의학 지식을 쌓기 어려운 현실을 안타깝게 여긴 유의태가 암에 걸려 죽어가면서 제자 허준에게 자기 시신을 해부하라는 유언을 남긴다. 이야기 자체는 허구라지만, 나는 제자를 위해 자기 몸을 던지는 유의태의 몇 분의 몇이나 따라가는 스승일까 하고 자성한 기억이 났다. 다빈치는 운이 좋았다. 허준처럼 조선에 태어났다면 인체 해부도 비슷한 것도 못 그렸을 테니 말이다.

　다른 건물로 향했다. 커다란 날개를 단 비행기가 천장에 매달려 나를 맞았다. 세계 최초의 비행기였다. 전시용 모형이 아니라 동력을 달면 날 수 있다고 했다. 다빈치가 왜 지금도 인류 최고의 천재로 평가받는지 이해가 됐다. 총구가 여러 개 달린 기관총이나 잠수함 등 다빈치가 상상하고 설계한 무기도 있었다. 신기한 발명품들을 보고 다음 전시실로 들어갔다. 컴컴한 방에서 갑자기 모나리자가 나타나고 다빈치도 저 옆에서 웃고 있었다. 다빈치 관련 이야기를 담은 4차

다빈치가 설계한 세계 최초의 비행기(위).
비트루비우스 맨을 응용한 조형물(아래).

원 홀로그램이었다. 지식융합부 학장이 돼 만든 아트앤테크놀로지과가 바로 이런 일을 할 수 있는 새로운 인재들을 기르는 곳이라고 생각하니 가슴이 뿌듯했다.

밖으로 나오자 나무로 만든 커다란 공이 나를 맞았다. 공 안에는 조금 전에 본 '비트루비우스 맨'이 두 팔과 두 다리를 벌리고 매달려 있었다. 다빈치가 남긴 스케치를 입체적으로 만든 작품이었다.

전인적 인간과 정치적 인간

빈치를 돌아보면서 다빈치가 대단한 천재라는 사실을 실감했다. 그러나 또한 다빈치가 '역사상 가장 완벽한 전인적 인간'이라는 평가에 의심을 품게 됐다. 정치의식이나 사회의식을 지닌 '정치적 인간'(호모 폴리티쿠스)의 측면에서 보면 문제가 많기 때문이다. 다빈치는 아무 문제의식 없이 체사레의 북동부 원정에 참여해 수석 군사 기술자로 활동했다. 피사를 고사시켜 다시 식민지로 만드는 계획에는 '기능적' 엔지니어 자격으로 합류해 수로 변경 공사를 수행했고, 사회적 의미를 생각하지 않고 기관총 같은 대량 살상 무기를 설계했다.

유배, 파문, 재판 등 고난을 겪은 단테, 마키아벨리, 갈릴레이 같은 동시대 피렌체의 천재들하고 다르게 다빈치는 별다른 시련을 겪지 않고 평탄한 삶을 살았다. 이런 점에서 비교되는 사람이 아인슈타인과 파블로 피카소다.

아인슈타인은 다빈치처럼 천재 과학자이면서도 정치적 의식도 높아서 반전 운동가와 사회주의자로 활동했다. 1949년에 창간한 진보적 잡지 《먼슬리 리뷰Monthly Review》에 쓴 글 〈왜 사회주의인가〉는 지금도 자주 인용되는 명문이다. 핵무기 개발에 기여한 아인슈타인은 히로시마 원폭에 반대했으며, 버트란드 러셀하고 함께 모든 무기와 모든 전쟁을 없애야 한다고 주장하는 11인 과학자 선언(그중 9명이 노벨상 수상자)을 주도했다. 피카소는 세계적인 화가이면서도 파시스트들이 저지른 게르니카 학살을 고발한 〈게르니카〉를 남겼다.

천재 과학자일 뿐 아니라 천재 화가인 다빈치는 두 사람하고 다르게 사회의식이 없었다. 이탈리아로 시야를 좁혀도 마찬가지다. 이탈리아인 중에서도 앞에서 살핀 카를로 레비는 의사에 화가, 소설가이면서도 정치의식도 뛰어나 반파시즘 운동을 주도하다가 유배를 당한 '온전한 르네상스 맨'이었다. 다빈치는 정치의식이 없는 '반쪽짜리 르네상스 맨'이었다.

한계 의식과 가능 의식, 다빈치의 경우

아인슈타인이나 피카소나 레비는 20세기 사람이라는 점에서 16세기에 산 다빈치에게 비판적인 '정치의식'을 요구하는 일은 무리인가? 루시앙 골드만은 한 사람을 연구할 때 그 시대가 불가피하게 한계를 지운 '한계 의식'과 그 시대에도 가능한 '가능 의식'을 구분해야 한다고 주장했다. 이광수가 한 친일을 평가할 때, 순수 가정으로 일제 강점기를 산 모든 사람이 어쩔 수 없이 친일을 했다면 친일은 '한계 의식'이다. 그러나 만해 한용운이나 장준하 등 항일 운동을 한 사람들이 많다면, 반일은 '가능 의식'이 된다. 골드만의 이론을 빌리자면, 정치의식의 부재는 다빈치 개인을 넘어선 그 시대의 '한계 의식'일까? 그렇다면 다빈치보다 훨씬 앞선 시대를 산 단테와 비슷한 시대를 산 마키아벨리나 갈릴레오가 시대를 뛰어넘는 비판 의식을 지닌 사실은 어떻게 설명해야 할까?

다닥다닥 붙은 집과 자동차가 인상적인 마나놀라.

15장

친퀘테레
바닷가 절벽 위 작은 다섯 천국

레몬 나무

─────────

지팡이를 통해

갑자기 가라앉는 산등성이 따라

굽이굽이 이어져 내리는 작은 길

그러고는 갑자기

과수원 안으로 열린다네.

레몬 나무들의 이끼 낀 나무 기둥 사이로

1921년에 노벨 문학상을 받은 에우제니오 몬탈레Eugenio Montale는 친퀘테레를 구성하는 다섯 마을의 하나인 몬테로소알마레의 아름다움을 이렇게 노래했다.

멀리 보이는 몬테로소알마레(위).
친퀘테레의 첫 마을 리오마조레(아래).

기차가 아니라 자동차로

다섯 개의 땅이라는 이름이 보여주듯 친퀘테레는 피사와 제노바 사이 가파른 바닷가 절벽에 자리한 다섯 곳의 작은 마을이다. 몬탈레가 노래한 몬테로소알마레를 비롯해 베르나차, 코르닐리아, 마나롤라, 리오마조레가 이어지며 아름다운 바다와 가파른 절벽, 강렬한 색깔을 띤 집들이 어우러진 곳이다. 유네스코 세계문화유산으로 지정된 곳이기도 해서 제노바에 가는 길에 들러 머리를 식히기로 했다.

친퀘테레는 대개 피렌체나 피사에서 당일치기 단체 여행을 하거나, 기차나 차를 이용해 라스페치아에 간 뒤 기차를 타고 들어간다. 마을과 마을이 기차로 연결돼 있어서 첫 마을을 본 뒤 기차를 타고 다음 마을로 가면 된다. 경치 좋은 구간은 트래킹도 한다. 마지막 마을인 몬테로소알마레까지 본 뒤 다시 기차를 타고 돌아온다. 차를 타고 갈 수도 있지만 운전과 주차가 골칫거리였다. 가파르고 비좁은 길을 꼬불꼬불 돌아야 했고, 마을 안에 주차를 할 수 없어 마을 밖 먼 곳에 차를 세우고 한참을 걸어야 했다.

게다가 우리는 라스페치아로 돌아오지 않고 반대쪽인 북쪽으로 가야 했다. 라스페치아에 차를 세워놓고 친퀘테레를 둘러본 뒤 라스페치아로 돌아와 제노바로 가는 일정은 시간 낭비였다. 운전을 맡은 최풍만 씨는 차로 가보자고 했다. 꼬불꼬불한 길이 아흔아홉 개라는 대관령에서 벌목 트럭을 모는 베테랑 기사에게 트럭 운전을 배운 초일류 드라이버라며 자신했다(차를 너무 빨리 몰아 동승자들이 힘들어한 사실은 안 비밀이다). 차로 가면 산 위에서 바다를 배경으로 마을을 내려다보고 사진도 찍을 수 있으니까 더 좋을 듯했다. 햇살 은은한 아침에 산 위에 도착하고 싶어 깜깜한 새벽에 서둘러 출발했다.

네 천사, 다섯 천국을 달리다

한참을 달리자 새벽 어둠이 가시면서 친퀘테레 여행의 출발지인 라스페치아가 나타났다. 고속도로를 빠져나와 라스페치아를 가로질러 바닷가 쪽으로 방향을 틀었다. 산에 오르니 이탈리아 해군 함대가 정박한 라스페치아 항구의 전경이 눈에 들어왔다. 길이 좁아지고 구불구불한 고갯길이 시작됐다. 이제 초입인데도 자동차 여행을 권장하지 않는 이유를 충분히 알 수 있었다. 지그재그로 올라간 뒤 다시 내리막길, 또 다시 오르막에 이어 내리막길을 몇 번 반복했을까, 커브를 틀자 눈앞에 기막힌 풍경이 나타났다.

바다를 앞에 둔 두 산 사이에 아름다운 집들이 올망졸망 모여 있는 마을이 나타났다. 첫 마을인 리오마조레였다. 넋을 잃고 바라보다가 겨우 정신을 차려 마을로 내려갔다. 고불고불한 길을 지나 들어선 마을 입구에는 차량 출입을 막는 차단기가 설치돼 있었다. 공터에 차를 세우고 마을로 들어갔지만, 이른 새벽이라 문을 연 상점도 안 보이고 볼 만한 것도 없었다.

마나롤라로 향했다. 어렵게 내려온 길을 다시 올라갔다. 언덕 위에서 좌회전을 한 뒤 굽이굽이 가파르고 좁은 길을 달렸다. 내려가는 길이 나왔고, 다시 내려가고 올라가기를 반복했다. 차멀미를 안 하는 체질이라 정말 다행이었다. 곧 마을이 나타났다. 리오마조레하고 다르게 만처럼 들어간 곳에 보이는 계곡 사이로 해수면에 가깝게 자리잡은 마나롤라. 풍광도 리오마조레보다 화려했다. 도르래 비슷한 장치가 보였는데, 무거운 물건을 매달아 마을로 옮기는 화물 케이블카 또는 화물 미니 전차였다. 저런 오지에 집을 짓고 살아온 사람들이 존경스러웠다. 마을로 내려가다가 올라오는 차를 만났다. 차 두 대가 지나갈 수 없는 좁은 길이라 조금 넓은 공간이 나오는 곳까지 한참을 후진해야 했다. 여기는 마을이 보이지도 않는 먼 곳에 차단기가 있었다.

할 수 없이 다음 마을로 향했다. 코르닐리아로 가는 길도 마찬가지로 고역이었다. 꼬불꼬불 차를 몰고 가는데 왼쪽 언덕 위로 교회가 보였다. 전망이 좋을 듯하고 교회 구경도 할 겸 언덕으로 올라갔다. 교회 문은 닫혀 있었지만 전망이 멋졌다. 마을은 바닷가에 접한 꽤 높고 평평한 고원에 자리잡고 있었는데, 왼쪽 끝으로 방금 지나온 또 다른 마을이 보였다. 해안선을 따라 들어가고 나온 산언덕에 다섯 마을이 하나씩 둥지를 틀고 있었다. 한 구비에 하나, 또 다른 구비에 하나. 멋진 경치를 구경하고 내려오려는데 길이 좁은데다가 주차한 차들도 많아 방향을 돌릴 수 없었다. 코르닐리아에서 초일류 운전사에게 아침과 커피를 사주려 했지만, 마찬가지로 출입 제한이어서 마을만 구경하고 돌아섰다. 다섯 마을 중 가장 크고 주차장을 갖춘

화물 케이블카(위). 코르닐리아(가운데)와 사진발 잘 받는 베르나차(아래).

몬테로소알마레에서 늦은 아침을 먹기로 했다.

붉은색, 분홍색, 푸른색 등 색색으로 가득한 베르나차는 '사진발'이 가장 잘 받는 마을이었다. 이런 원색을 섞어서 만든 옷을 입으면 어색하기가 이를 데 없을 텐데, 자연에 어우러진 원색의 마을은 하나도 촌스럽지 않다. 여행을 하면서 자주 느끼지만, 묘한 일이다. 베르나차를 떠나 다시 산길을 달리기 시작했다. 몬탈레가 극찬한 몬테로소알마레가 멀리 보였다.

몬테로소알마레는 다른 네 마을에 견줘 훨씬 컸다. 갑자기 배가 몹시 고팠다. 부리나케 마을로 향했다. 마을 끝까지 달려 바닷가 주차장에 차를 세웠다. 바다를 따라 운치 있는 식당들이 줄지어 서 있었다. 가장 괜찮아 보이는 곳에 들어갔는데, 길 건너 호텔에 묵는 사람만 이용할 수 있는 호텔 부속 식당이었다. 아쉬운 대로 그 옆 식당에 들어가 바다를 보면서 늦은 아침을 먹었다.

산길을 돌고 돌아 다섯 마을을 지나오는 데 생각보다 긴 시간이 걸리지는 않았다. 미국에서 공부할 때는 끝이 안 보이는 고속도로를 며칠씩 달리고, 중국 여행 때는 오지를 하루 열 몇 시간씩 여러 날 운전한 적도 있었다. 유럽은 생각보다 이동 거리가 짧고 많은 시간이 걸리지는 않았다. 밥을 먹고 마을 구경을 나서는데 위쪽에서 갑자기 사람들이 쏟아져 나왔다. 막 도착한 기차에서 내린 관광객들이었다. 고불고불 산길에 고생은 했어도 잘한 결정이었다. 저 사람들은 모두 똑같은 풍경을 봤지만, 우리는 다른 친퀘테레를 만났다.

몬테로소알마레의 이국적인 해변 풍경(위, 가운데)과 기차역(아래).

가는 날이 장날, 오는 날이 만날

예상보다 일찍 도착했으니 유람선을 타고 바다로 나가서 친퀘테레를 보고 싶었다. 유람선 선착장은 터널을 지나 마을 반대쪽으로 가야 했다. 터널 쪽으로 걸어가는데 모래사장에 중앙아시아나 중동에서 만든 듯한 커다란 색색의 카펫을 여러 장 펴놓고 파는 아랍인이 보였다. 임대료 없는 모래사장 진열장이라니, 기발한 아이디어였다. 터널을 지나자 마을 반대쪽이 나타났다. 물어물어 유람선 선착장을 찾아가 왕복 유람선 탑승권이 얼마냐고 물었다. 오늘 일기 예보가 안 좋아 배가 안 뜬다는 답이 돌아왔다.

"아이고! 가는 날이 장날이라더니!"

모두 신의 뜻이었다. 여행 도중에 날씨가 좋지 않거나 해서 일정이 어그러지는 일이 종종 생긴다. 젊은 시절에는 그럴 때 화를 내고 무척 안타까워했지만, 여행을 오래 다니고 나이도 들면서 현실에 순응하며 담담히 받아들이는 법을 알게 됐다. 무슬림은 아니지만 이런 때 쓰는 가장 알맞은 말을 되새기며 친퀘테레를 떠났다.

"인샬라(신의 뜻대로)."

제노바에 서 있는 콜럼버스 동상.

A
CRISTOFORO COLOMBO
LA PATRIA

16장

제노바
콜럼버스와 팍스 제노바

팍스 브리태니커와 팍스 아메리카나. 20세기 초까지 세계를 지배한 대영 제국, 그리고 뒤이은 미국의 세계 지배 체제를 가리키는 말이다. 21세기는 중국이 세계를 지배하는 '팍스 차이나'가 되리라고 생각하는 사람이 많다. 그렇지만 영국은 자본주의의 역사에서 셋째 패권 국가다. 영국에 앞선 패권 국가가 네덜란드이고, 네덜란드에 앞선 최초의 패권 국가는 북이탈리아의 작은 항구 도시 제노바다.

1575년 에스파냐의 펠리페 2세는 새로운 식민지인 아메리카 대륙에서 나오는 막대한 은을 믿고 제노바 은행에 거래 중지를 통보했다. 제노바는 금 유통을 막았고, 급여를 못 받은 해외 주둔 에스파냐군은 폭동을 일으켰다. 깜짝 놀란 에스파냐는 거래를 재개했다. 세계 경제를 지배한 제노바의 힘을 보여주는 일화다.

1557년에서 1627년까지 70년 동안 제노바는 '세계' 금융을 지배했다. 금융뿐 아니라 향료 교역, 해상 보험, 장거리 교역 금융 지원 등 국제 교역을 통제했다. 언제든지 요구하면 금으로 바꿔주는 태환 화폐를 지폐로 만들어 보급하고 순수 금융을 도입한 덕분이었다. 정치와 군사 측면에서 세계를 지배한 세력은 아메리카를 '발견'하고 수탈한 에스파냐였지만, 에스파냐에 돈을 빌려주고 통제한 뒷배는 제노바의 은행이었다. 1627년, 에스파냐 정부가 파산하면서 제노바도 세계 시장에서 주도권을 잃었다.

희미한 옛 영광의 그림자들

친퀘테레를 떠나 제노바 시내로 들어가자 풍경이 너무 달라져 별세계에 들어온 듯했다. 시내로 들어가는 지역이 언덕이라 멀리 항구가 내려다보였다. 이제는 쇠락한 곳이라고 하지만 한때 세계 경제를 지배한 인구 60만의 도시다웠다. 친퀘테레의 작은 바닷가 마을들은 말할 것 없고 피렌체, 이몰라, 피사, 빈치 등 지금까지 지나온 도시들에 비교가 되지 않게 컸다.

제노바에 도착해 가장 먼저 찾은 곳은 세계를 지배한 옛 항구의 흔적이었다. 세계 곳곳으로 나아가는 제노바 상선들을 위해 불을 밝히던 등대를 찾아가는 길은 쉽지 않았다. 먼 곳에서 보이기는 하는데, 그 앞으로 가는 길은 찾을 수 없었다. 한참을 헤맨 뒤에야 겨우 근처에 갈 수 있었다. 가까운 곳에서 보니 엄청나게 컸다. 이제는 쓸모없이 버려져 있지만, 400년 전 향신료를 가득 싣고 인도를 출발해서 먼 길을 항해한 뱃사람들은 이 등대를 보고서야 마침내 기나긴 여정이 무사히 끝났다며 환호했으리라.

옛 영광을 보여주는 또 다른 흔적이 남아 있나 싶어 항구로 다가갔다. 현대식으로 완전히 탈바꿈한 항구에는 커다란 수족관을 구경하고 유람선을 타려는 관광객만 넘쳐날 뿐이었다. 그나마 아직 범선이 바다를 누비던 옛 제노바 시절을 찍은 사진이 눈에 띄었다. 멋들어진 범선 모형도 지나간 영광을 그리워하는 사람들의 향수를 달래주고 있었다.

'희망의 지평선'과 그라피티

예약한 숙소는 가까운 곳에 있었지만 일단 걸어가서 주변을 둘러보기로 했다. 호텔로 걸어가던 나는 짧은 탄성을 질렀다. 한 건물에 그람시라는 글씨가 보였다. 대학 기숙사였다. 기숙사 이름이 그람시라니! 비판적 지성의 표본인 그람시의 이름을 기숙사에 붙인 대학 당국을 칭찬하고 싶었다. 대기업 관련 이름이 들어간 건물이 넘쳐나는 한국 대학들하고는 달랐다. 둘러보니 기숙사 건물이 자리한 거리도 그람시 가였다. 숙소에 가까운 유료 주차장에 차를 세우기로 하고 항구로 돌아오는데 강렬한 그래피티가 눈길을 사로잡았다.

'국경을 부숴라.'

'사람들이 아니라 전쟁을 멈춰라.'

아르헨티나 이민 200주년 기념판.

제노바의 옛 영광을 상징하는 상선 모형.
'국경을 부숴라'는 그래피티.
그람시의 이름을 딴 제노바 대학교 기숙사(위부터).

난민을 막는 정책에 돌직구를 날리는 멋진 문구들이었다. 바로 옆에는 지난날 신대륙으로 이민을 떠나는 제노바 사람들을 그린 벽화와 '희망의 지평선'이라는 문구를 새긴 금속판이 보였다. 어제는 원주민을 숱하게 학살하고 아메리카 대륙을 차지한 사람들이 이제는 난민을 막는다고? 콜럼버스와 에스파냐 병사들은 원주민이 내준 비자를 받고 합법으로 신대륙에 들어갔나? 개구리 올챙이 적 생각 못 하는 비인도적인 짓이다.

인어공주가 코카콜라 캔과 플라스틱 병에 휩싸여 있는 벽화도 눈에 띄었다. 환경을 보호하자는 메시지를 멋지게 시각화한 그림은 디자인 천국 이탈리아다웠다. 그 밑에는 '동물해방전선'이라는 동물권 보호 단체가 남긴 낙서도 보였다. 진보적인 구호들을 봐서 기분이 좋았지만, 그런 구호만 있지는 않았다. 난민 유입에 반대하는 우익 포퓰리즘 정당인 이탈리아형제당의 선거 포스터도 많이 보였다. 그중 하나는 후보자 눈이 찢긴 채 훼손돼 있었다.

발견과 정복 사이 ─ 콜럼버스와 백인의 사명

제노바는 '팍스 제노바' 이상으로 세계사에 중요한 영향을 미친, 아니 세계사를 근본적으로 바꾼 도시다. 바로 콜럼버스의 도시이기 때문이다. 항구 도시 제노바에서 태어난 콜럼버스는 열 살 때부터 자연스럽게 항해를 배웠다. 독학으로 여러 언어를 익혔고, 천문학과 항해술

여러 환경 문제와 동물권에 관련된 그래피티들.

반난민 극우 정당의 선거 포스터.

등을 공부했다. 많은 사람이 오해하지만, 콜럼버스 시절에도 지구가 평평하다고 믿는 선원은 별로 없었다고 한다. 다만 아시아는 너무 멀어 식량 등 보급품 문제 때문에 항해가 어렵다고 생각할 뿐이었다.

콜럼버스는 사실 일본을 찾아가려 했고, 쿠바에 도착한 뒤 일본에 왔다고 외쳤다. 동방 여행의 선구자인 마르코 폴로가 말한 황금이 넘쳐나는 나라 '지팡구Jipangu'에 가고 싶기 때문이었다. 그래서 자기가 '발견'한 신대륙은 인도이고, 쿠바와 카리브 해 섬들은 일본이라고 생각했다. 콜럼버스는 경도와 위도를 착각해 2만 킬로미터에 이르는 거리를 2300킬로미터로 잘못 계산한 탓에 무모하게 항해에 나설 수 있었다. 문제는 자금이었다. 도시 국가로 나뉜 이탈리아는 이 정도 자금을 지원할 능력이 없었다. 항해 중 조난을 당한 콜럼버스는 포르투갈에 상륙했고, 그곳 귀족을 만나 결혼한 뒤 정착했다. 서쪽으로 계속 가면 아시아에 닿을 수 있다고 포르투갈 왕실을 설득하지만, 항해 관련 지식이 풍부한 포르투갈 왕실은 황당한 제안이라고 판단해 거부했다. 설득에 실패한 콜럼버스는 에스파냐로 넘어가 자금을 확보했다. 경도와 위도를 잘못 계산한 콜럼버스의 무지와 용기, 포르투갈하고 다르게 오류를 제대로 걸러내지 않은 에스파냐 왕실의 실수가 역사를 만든 셈이다.

1492년, 배 세 척으로 선단을 꾸린 콜럼버스는 무역풍을 타고 5주 동안 항해해 '신대륙'에 도착했다. 신대륙을 '발견'하면 총독 자리에 올라 수익의 10분의 1을 갖는다는 계약서를 들고 있었다. 그렇지만 원주민을 죽여 갈가리 찢어서 행진을 벌이고 자기가 하류층 출신이라는

콜럼버스 생가의 겉모습(왼쪽)과 생가 안에 전시된 《항해록》(오른쪽).

소문을 낸 여자의 혀를 자르는 등 폭군 행세를 하다가 감옥에 갇히더니 총독 자리에서도 쫓겨났다. 콜럼버스의 자손들은 에스파냐 왕실이 약속한 수익을 지불하지 않자 오랫동안 소송을 벌이기도 했다.

콜럼버스는 자기가 '발견'한 땅이 신대륙이 아니라 아시아의 일부라고 고집을 부리다가 정말 큰 손해를 봤다. 프랑스 지도 회사가 신대륙 '발견'을 반영해 지도를 새로 만들려 했다. '발견'한 사람의 이름을 따라 신대륙의 명칭을 지으려 했는데, 콜럼버스가 고집을 부리는 바람에 두 번째로 항해에 성공한 아메리고 베스푸치의 이름을 따 '아메리카'라는 지명을 붙여버렸다. 나중에 이 지도 회사가 대륙 명칭을 다시 콜럼버스로 바꾸려 했지만, 이미 아메리카라는 이름이 널리 알려져서 계획을 포기하고 말았다.

콜럼버스의 동상을 본 뒤 생가를 찾아 나섰다. 한참을 헤매다가 키 크고 마른 나처럼 좁고 높은 집을 발견했다. 모퉁이에 자리한 집 앞에는 '카사 콜럼버스'(콜럼버스 집)라고 적은 깃발이 펄럭이고 있었다. 낡은 집이 좁고 위험해 한 번에 여덟 명만 들어가야 했다. 집 안에는 콜럼버스가 쓴 《항해록》이 펼쳐져 있었다. 콜럼버스가 직접 쓴 항해록은 사라졌지만, 항해에 동행한 뒤 마음을 바꿔 원주민을 위해 헌신한 라스 카사스가 남긴 필사본이 남았다. 우리가 말하는 콜럼버스의 《항해록》은 사실 이 필사본이다.

2층에 올라가자 콜럼버스의 어린 시절과 그 시대의 제노바를 보여주는 그림과 자료들이 보였다. 이어서 신대륙을 개척하려는 끊임없는 노력과 콜럼버스가 시도한 아메리카 탐험 과정을 설명해놓았

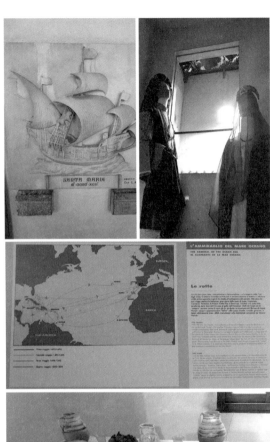

산타마리아호 모형, 복식, 항해도, 식탁 등 콜럼버스 기념관의 전시물들.

다. 항해 경로를 그린 지도도 보였다. 콜럼버스가 타고 간 배를 도자기로 만들어 벽에 걸어놓기도 했다. 다른 방에는 콜럼버스 전신 모형과 식탁이 관광객을 맞았다. 그야말로 신대륙 발견자 콜럼버스를 기억하는 기념관이었다.

콜럼버스의 신대륙 '발견'은 단순한 지리적 '발견'을 넘어서 세계사를 완전히 바꿨다. 서구가 다른 지역을 침략하고, 착취하고, 파괴한 '서구 제국주의의 역사'가 시작됐다. 적어도 1000만 명에서 많으면 1억 2200만 명이 콜럼버스가 신대륙에 도착한 때 이미 그 대륙에 살고 있었다. 콜럼버스는 아메리카 대륙을 '발견'하지 않고 '정복' 또는 '침략했다. 중립적으로 말하면 아메리카에 '도착'했다. 아주 독실한 기독교도인 콜럼버스는 자기가 벌인 '침략'과 문화 파괴 등이 야만 상태에 머무는 원주민을 하느님의 세계로 이끄는 성스러운 교화 과정이라고 믿었다. 이런 생각은 그 뒤 미개한 아시아, 아프리카, 아메리카의 야만인들을 서구가 교화해야 한다는 '백인의 사명White Men's Burden'이라는 무서운 논리로 발전했다.

'콜럼버스의 날'과 '원주민 저항의 날'

아메리카 대륙에 자리한 많은 나라들은 콜럼버스가 아메리카 대륙에 도착한 10월 12일을 '콜럼버스의 날'로 정해서 기념한다. 미국은 1971년부터 10월 둘째 월요일을 '콜럼버스의 날'이라는 공휴일로 지정하

멀리, 이제는 버려진 등대가 보인다.

고 있다. 많은 원주민을 비롯해 의식 있는 시민단체들이 이런 조치가 원주민을 모독하는 짓이라고 비판했고, 콜로라도 주 덴버 시는 '콜럼버스의 날'을 '원주민의 날'로 바꿨다. "이 날은 서구가 저지른 학살 때문에 1억 명에 이르던 원주민이 300만 명으로 줄어든, 인류 역사상 최대의 인종 학살이 시작된 날이다." 볼리바르 혁명을 통해 한때 21세기형 사회주의 모델로 주목받은 베네수엘라의 우고 차베스 대통령은 이런 말을 하면서 이날을 '원주민 저항의 날'로 지정했다. 세계적 지성인 놈 촘스키도 콜럼버스가 신대륙을 정복한 1492년은 서구 자본이 세계를 지배하는 야만적 '지구화'가 시작된 원년이며 이런 지구화는 지금도 계속되고 있다고 비판했다. 기억과 역사를 둘러싼 '기억 전쟁'이자 '역사 전쟁'이 시작된 셈이다.

콜럼버스 생가를 나서는데 어느새 비가 내리고 있었다. 콜럼버스와 서구 제국주의 때문에 죽은 숱한 원주민들이 흘리는 눈물 같았다. 억울한 이들의 영혼을 달래려면 비 좀 맞는다고 대수겠는가.

비야 내려라,

비야 내려라,

미치도록 쏟아져라.

토리노에 있는 그람시 거리에 있는 그람시 식당.

토리노 1
그람시와 엔에이치 컬렉션

토리노는 밀라노하고 함께 북부 이탈리아를 대표하는 공업 도시다. 제노바를 떠나 두 시간을 달려 토리노에 도착했다. 그람시가 감옥에서 《옥중수고》를 쓴 투리를 떠난 뒤, 시칠리아에서 가리발디를 만나고, 피렌체, 이몰라, 피사 등으로 이어진 마키아벨리 로드를 거쳐, 빈치에서 다빈치를 알아보고, 제노바에서 콜럼버스를 마주한 뒤, 보름 만에 다시 그람시 로드로 되돌아왔다.

최고급 호텔로 바뀐 하숙집

한국의 봄은 뿌연 미세 먼지로 가득했지만, 이탈리아 남부와 중부의 하늘은 눈이 시리도록 푸르고 햇볕이 쨍쨍했다. 토리노는 달랐다. '북유럽의 밑자락'이라는 사실을 알려주려는 듯 비가 주룩주룩 내렸

그람시가 살던 하숙집은 최고급 호텔로 바뀌었다.

그람시가 살던 곳이라는 사실을 알려주는 기념판.

다. 예약한 유스 호스텔을 찾아가 짐을 풀었다. 아주 마음에 드는 곳이었지만, 출입문 앞에 경찰차가 보였다. 경찰은 청소년들이 많이 묵는 유스 호스텔에서 성범죄 등이 자주 일어날 수 있어서 늘 지킨다고 말했다. 유럽다웠다.

유스 호스텔에 처음 묵는 만큼 아시아인들이 여럿 와서 개판 치고 갔다는 소리를 듣지 않으려고 쓰레기 분리수거, 방에서 음식 안 먹기, 술 마시지 않기 등 시설 이용 규칙을 숙지했다. 방은 생각보다 깨끗했다. 간이식당이 있어서 향수도 달랠 겸 오랜만에 한식을 차려먹고 잠자리에 들었다.

토리노는 큰 도시였다. 차는 세워두고 버스를 타고서 움직이기로 했다. 해외에 가도 대중교통을 이용하면 편하다. 한국에서는 카드 한 장으로 끝이지만 유럽은 대부분 현금도 아니라 차표를 내야 한다. 차표 사는 일이 가장 어렵다. 가뜩이나 어디에서 표를 살 수 있는지 모르는데 거센 빗속에 오가는 이도 없어 난감했다. 가까운 가게에 들어가 묻고 물어 겨우 버스를 탈 수 있었다.

젖은 우비를 벗어들고 중심가인 카를로 광장(카를로 에마누엘레 2세 광장)에 자리한 엔에이치 컬렉션NH Collection 호텔로 뛰어 들어갔다. 엔에이치 컬렉션은 유럽을 중심으로 한 최고급 호텔 체인이다. 넓은 정원을 중심으로 사방에 객실이 자리하고 있었다. 최고급 호텔다운 화려한 외관이 보는 사람을 기죽게 했다. 이 큰 호텔에서 그람시의 이름을 어떻게 찾을지 걱정이 됐다. 호텔 내부를 돌아 밖으로 나가자 오래된 돌벽이 나타났다.

"여기 어디 있겠다."

돌벽을 따라가며 그람시의 흔적을 열심히 찾았다. 들어간 곳 반대쪽 출입문 옆 기둥에 붙은 석판 위에 낯익은 글씨가 나타났다.

'안토니오 그람시.'

그람시 이름 밑에는 '1919년에서 1921년까지 그람시가 노동자 투쟁을 하며 지낸 곳'이라는 문구가 적혀 있었다. 이곳은 사르데냐 섬 출신인 그람시가 어려운 가정 형편 속에 힘겹게 공부해서 토리노 대학교에 유학을 와 지낸 하숙집이다. 알베르토 재단은 사르데냐 출신 중에서 성적이 우수하지만 가난한 학생들에게 장학금을 줬는데, 그람시는 1911년 이 장학금을 받아 대학에 들어갈 수 있었다.

장학금을 받으려면 서류 심사를 거쳐 토리노에 가 필기시험을 봐야 했다. 자칭 '삼중 사중의 시골뜨기'인 그람시는 '몽유병 같은 기분'으로 난생처음 긴 여행을 했다. 사방에서 자동차가 달리는 번잡한 대도시에 혼이 쏙 빠져 나중에 이렇게 회상할 정도였다. "얼마나 많은 자동차와 전차들이 있는지도 모르고 다니다가 위험 속에 나를 던지고 난 뒤에는 걷는 것조차 현기증이 날 정도로 어지러웠다." 필기시험에서는 평생 동지가 될 팔미로 톨리아티를 처음 만났다. "붙임성 없고 폐쇄적인 두 청년의 무덤덤한 만남이었다."

흥분 속에 시작한 도시 생활이지만, 추위와 가난, 외로움 탓에 토리노에서 보낸 첫 겨울은 생애 가장 힘든 시기의 하나가 됐다.

1911년은 추위와 영양실조로 정말 몸이 안 좋은 때였다. 밤이 되면

거대한 거미 한 마리가 그물을 치고 내가 잠든 사이에 뇌의 골을 빨아먹으러 내려오는 망상에 시달리기도 했다.

지금은 사라진 허름한 하숙집들을 전전하다가 대학교 3학년이 된 1913년에야 빛이 조금 보였다. 대학교 동기인 베라네 집이 아버지가 세상을 떠나서 방 하나를 세놓으려 한다는 소식을 듣고는 그곳으로 이사했다. 작은 안뜰이 있는 값싸고 검소한 집이었는데, 이 집의 하나뿐인 하숙생 그람시는 맨 위층 방을 썼다. 오늘 우리가 찾아온 곳이 바로 그 집이다.

그람시의 10년, 자본주의의 100년

대학을 그만둔 뒤 그람시는 이탈리아 공산당이 발행하는 기관지《신질서Ordine Nuovo》의 편집장이 됐다. 월급이 꽤 많았지만 더 좋은 집으로 이사하지 않고 베라네 하숙집에 머물렀다. 1922년 당 업무 때문에 소련으로 떠날 때까지 거의 10년을 살았다. 안내판에는 대학생 시절인 1913년이 아니라 직업 혁명가가 된 1919년부터 그람시가 이곳에서 살았다고 잘못 적혀 있었다.

이 하숙집 건물은 그 뒤 청년교육센터로 활용되다가 몇 년 전 다국적 기업이 사들여 호텔로 바뀌었다. 이 화려한 호텔에 붙어 있는 '안토니오 그람시'라는 이름을 보자 초짜 교수 시절인 1990년대 초가 떠올랐다. 유학을 다녀와 전남대학교 교수로 일하던 나는 유럽 여러 나라를 여행하는 행운을 얻었다. 프랑스와 스페인 등 세계적인 관광지들을 처음 갔는데, 명승지가 아니라 무덤을 주로 다녔다. 유가족과 부상자 등 5·18 광주민중항쟁 관계자들하고 함께 5·18 기념사업 계획을 세우러 떠난 여행이었다. 나중에 대통령이 된 레흐 바웬사가 이끈 솔리다리노시치(자유노조) 운동을 살펴보러 사회주의가 무너진 지 얼마 안 된 폴란드에 들렀는데, 바르샤바에 자리한 공산당 중앙 당사가 자본주의의 꽃인 증권거래소로 바뀌어 있었다.

젊은 대학생 그람시가 혁명을 꿈꾸던 하숙집이 다국적 기업이 차린 호텔로 탈바꿈한 현실은 공산당사가 증권거래소로 바뀐 모습만큼이나 충격이었다. 사회주의가 무너지고 시장 만능 신자유주의라는 전지구적 자본주의가 이탈리아, 나아가 세계를 지배하는 현실을 상징적으로 보여주기 때문이었다. 여행 계획을 짜면서 그람시 하숙집이 호텔로 바뀐 사실을 알고는 기왕이면 이 역사적 장소에서 하룻밤 자고 싶어 예약을 하려 했지만, 하루 방값이 300유로가 넘었다. 그람시도 여기서 묵지 말라고 말렸겠다. 갑자기 우울해졌다.

그람시가 산 하숙집이 다국적 호텔로 바뀐다는 사실이 알려지자 많은 지식인이 반대했고, 호텔 쪽은 들끓는 여론을 무마하느라 레스토랑 이름을 '안토니오'로 정해 그람시를 기리기로 했다. 레스토랑에 가봤지만 안토니오라는 글씨는 보이지 않았다. 개발에 반대하는 여론을 잠재우는 전형적인 술책이었다.

《신질서》 편집장 그람시는 늦은 밤까지 글을 쓰다가 오후 두세 시에 일어나 포병대 중사 출신인 거한의 호위를 받으며 식당이나 사무실로 갔다. 검은셔츠단이 테러를 자주 일으킨 탓에 당에서 붙인 경호원이었다. 하숙집을 떠나려니 키 작은 그람시와 건장한 경호원이 '꺼구리와 장다리'처럼 카를로 광장을 걸어가는 모습이 보이는 듯했다.

대학생 그람시에서 혁명가 그람시로

그람시가 다닌 토리노 대학교를 찾았다. 하숙집에서 그리 멀지 않은 곳에 있는 건물인데, 대학 캠퍼스치고는 너무 작았다. 직원인 듯한 사람에게 물어보니 학부생들이 공부하는 캠퍼스는 멀리 떨어진 다른 곳에 있다고 했다. 백 년 전 그람시가 토리노 대학교에 남긴 흔적은 찾을 수 없었다.

사각형으로 지은 건물들 안에 꾸며놓은 작은 정원에는 지혜의 여신 미네르바의 동상이 서 있었다. 머나먼 사르데냐 섬에서 유학 와 미네르바의 부엉이처럼 진리를 찾아 헤맨 그람시 같은 이탈리아의 많은 젊은 지식인들이 겪은 고뇌와 지적 방황의 역사를 증언하는 듯했다. 같은 사르데냐 출신으로 그람시하고 함께 공부하고 투쟁한 평생 동지이자 2차 대전이 끝난 뒤 이탈리아 공산당을 유럽에서 가장 강력한 공산당으로 키운 팔미로 톨리아티는 토리노 대학교 캠퍼스 시절을 이렇게 회상했다.

그람시가 공부한 토리노 대학교(위).

토리노 대학교 정원에 서 있는 미네르바 상(아래).

가운데 뜰 왼쪽에 있는 단층 강의실이 생각난다. 우리는 그곳에 들어서면 언제나 만날 수 있었다. 전공이 다양한 갖가지 성향의 젊은이들을 진보를 향한 길을 찾아야 한다는 공통된 열망으로 뭉치게 하는, 그런 강의실이었다.

언어학과에서 공부한 그람시는 뛰어난 학문적 자질을 보여줬다. 마테오 바르톨리 교수는 그람시를 매우 총애해서 이 '시골뜨기 제자'가 훌륭한 학자가 되리라고 굳게 믿었다. 그람시가 나중에 이렇게 회고할 정도였다.

인생에서 가장 유감스러운 기억의 하나가 좋은 스승인 토리노 대학교의 마테오 바르톨리 교수님을 크게 낙담시킨 일이다. 교수님은 내가 신문법론자들을 철저하게 퇴치할 천사가 될 수 있다고 믿고 계셨다.

대학은 그람시에게 많은 것을 줬다. 투리 교도소에 갇힌 뒤 쓴 옥중 편지에서 그람시는 토리노 대학교에 다니면서 '언어학적인 엄격한 훈련 습관'과 '방법론적 엄밀성'을 배웠다고 썼다.

배움의 기억은 따뜻했지만, 현실은 냉정했다. 그람시는 생활고와 건강 때문에 자주 학업을 중단하거나 제때 시험을 치르지 못했다. 성적이 떨어져 장학금을 잃을 수도 있다고 걱정하면서 신경성 노이로제도 심해졌다.

사랑하는 아버지, 공부를 하려고 노력해도, 그 무엇인가 골똘히 생각하고 있어도, 이 한 달 동안은 현기증만 나고 …… 종종 미칠 것 같은 발작이 일어나고, 산책을 해도 침대에 누워 있어도, 몇 번이고 땅바닥에 뒹굴어도, 마음을 진정할 수 없습니다.

결국 알베르토 재단은 장학금 지급을 중단했고, 그람시는 학업을 포기해야 했다.

'대학생 그람시'는 이렇게 끝이 났지만 '혁명가' 그람시가 태어나고 있었다. 토리노 대학교에서 평생 동지인 톨리아티 등하고 함께 진보적인 사상을 키울 수 있었고, 사회당에서 활동하다가 만난 동지들 덕에 좁은 인간관계도 풍부해졌다. 그람시와 톨리아티는 사회당에서 함께 정당 활동을 시작했다. 그람시가 사회당에 들어간 시기는 정확하지 않지만, 1914년 톨리아티가 사회당에 입당할 때 그람시는 이미 사회당 당원증을 갖고 있었다.

그람시는 《전진^{Avanti}》이나 《인민의 외침^{Grido del Popolo}》 같은 진보적 언론에 기고하면서 글 솜씨를 인정받았다. 대중을 선동하거나 비분강개하는 데 그치고 마는 다른 좌파 논객들하고 전혀 달랐다. 풍자가 넘치는 필치, 논리적 일관성, 언뜻 관계없어 보이는 여러 계기들을 연결해 풀어내는 재주 등 그람시가 쓴 글은 '작은 보석 같은 광채'를 띠고 있었고, 소크라테스식 대화법으로 대중을 교육하는 데 알맞았다. 새롭게 떠오른 매체인 팸플릿에 기막히게 맞아떨어져서 '새로운 사회주의적 저널리즘의 계시'라는 평을 받기도 했다.

러시아 혁명이 일어난 소식을 듣고 쓴 〈《자본》에 반하는 혁명〉이 좋은 예다. 자본주의가 발달한 선진국에서 혁명이 일어날 수 있다는 마르크스의 관점에 따르면 '자본주의가 별로 발달하지 않은 러시아에서 혁명이 일어난 사건은 마르크스가 쓴 《자본》에 반하는 혁명'이라고 주장한 글이다. 그람시는 러시아 혁명을 주도한 볼셰비키가 '마르크스주의자'는 아니었다고 지적했다. 아주 충격적인 주장인데, 여기에는 반전이 숨어 있다.

볼셰비키들은 마르크스가 쓴 저작들을 결코 의심할 수 없는 도그마적 주장을 담은 엄격한 교리로 생각해서 그대로 따라가지 않았다. 볼셰비키들은 마르크스의 사상을 몸으로 살아냈다.

교조적 사상으로 보면 러시아 혁명은 마르크스의 《자본》에 반하는데다가 볼셰비키도 마르크스주의자가 아니지만, 사실 볼셰비키들은 마르크스의 정신을 구체적인 현실에 실현시킨 진정한 마르크스주의자라는 말이다.

이런 과정을 거쳐 그람시는 어려운 가정 환경과 장애 때문에 생긴 내성적 성격을 극복하고 직업 혁명가로 성장할 수 있었다. 이탈리아가 전쟁의 소용돌이에 휘말리고 톨리아티를 비롯한 많은 좌파 활동가가 징집을 당하는 상황에서, 장애 덕에 징집을 면제받은 그람시는 빠르게 토리노 좌파 진영의 중심으로 자리잡았다.

토리노 통일박물관(위), 나폴레옹 점령기의 풍자화(가운데)와 세계 지도(아래).

박물관과 제국주의

그람시의 토리노 시절을 돌아볼 때 빼놓을 수 없는 요소가 피아트 자동차를 중심으로 한 노동평의회 운동과 여러 박물관이다. 먼저 이탈리아 통일박물관과 이집트 박물관을 가기로 했다.

마키아벨리가 걱정한 대로 이탈리아는 절대 왕정을 거쳐 국민국가 시대에도 작은 도시 국가들로 나뉘어 있었다. 19세기 들어 세 차례 이어진 독립 전쟁과 통일 전쟁을 치르고 지금의 이탈리아 공화국으로 통일됐다. 이런 통일 운동을 기억하고 기념하는 기념관이 이탈리아 곳곳에 23개나 있는데, 그중 토리노에 자리한 박물관이 가장 크고 유일한 국립 박물관이다.

통일박물관은 이탈리아 통일 과정을 따로 떼어 보지 않고 당대 유럽의 흐름 속에서 살필 수 있게 배려했다. 박물관에 들어서자 가장 먼저 1789년 프랑스 대혁명하고 함께 선포된 〈인간과 시민의 권리 선언〉이 눈에 띄었다. 근대적 인권과 시민권의 효시로 알려진 이 선언의 맥락 속에서 이탈리아의 '근대적 국민국가'를 이야기하려는 노력이 덧보였다. 나폴레옹이 침략한 뒤 프랑스의 영향 아래 놓인 탓에 이 시기의 이탈리아 역사는 프랑스 혁명을 빼놓고 이야기할 수 없다. 그런만큼 나폴레옹에 관련된 전시물이 많았다.

뒤이어 프랑스에 맞선 이탈리아 민중의 저항과 마치니를 중심으로 한 이탈리아 독립 운동을 다룬 전시물들이 이어졌다. 1848년의 유럽과 이탈리아에서 빠르게 성장한 사회주의를 상대로 공포를 전파

이탈리아 통일의 '사상'을 담당한 마치니와 '행동'을 담당한 가리발디(위).
마치니 동상 위에 놓인 술병(아래).

하던 반공주의 풍자만화들이 눈에 띄었다. 독립 전쟁 시기로 넘어가면 이탈리아 통일의 주역인 가리발디 관련 전시물이 많았다.

이탈리아 통일 운동 시기를 보여주는 이탈리아 지도와 세계 지도도 걸어놓았는데, 아시아에는 조선도 표시돼 있었다. 이탈리아가 통일을 향해 나아가던 때 조선은 대원군이 밀어붙인 쇄국 정책 때문에 망국의 길을 걷고 있었다. 21세기 세계 패권을 놓고 미국과 중국이 서서히 전면전으로 치닫고 있는 지금, 우리는 그때하고 얼마나 다른 길을 걷고 있을까?

이탈리아 통일을 이끈 두 영웅 마치니와 가리발디를 함께 그린 멋진 초상화 밑에 쓰인 '사상과 행동'이라는 문구가 가슴에 와 닿았다. 역사적으로 뭔가를 성취하려면 사상과 행동이 둘 다 필요하다. 이탈리아 공산당의 '사상'이 그람시라면 '행동'은 톨리아티였다. '헬조선'과 '흙수저'의 질곡에서 우리를 구할 진보 진영의 '사상'과 '행동'은 누구일까? 미세 먼지로 뿌연 한국의 하늘처럼 답답한 마음으로 통일박물관을 나왔다.

마치니 동상이 보였다. 동상 위에는 술병이 놓여 있었다. 누가 올려놓은 걸까? 마치니가 답답한 마음에 어젯밤 한잔한 걸까? 요즘 이탈리아는 공업이 집중된 부유한 북부가 가난한 남부를 버리고 독립하자는 이야기가 나올 정도로 통일이 위협받고 있다. '남부 문제' 등에서 알 수 있듯이 형식상의 통일을 넘어서는 진정한 통일을 하지 못한 탓이었다. 이런 현실을 보면서 마치니도 한잔하지 않을 수 없었겠다.

이집트 카이로에서 국립 박물관에 간 적이 있다. 고대의 사회상

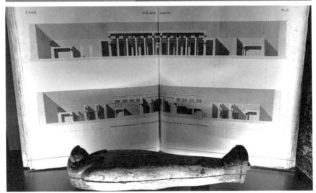

이집트 박물관 앞에 늘어선 관람객들(위).
아주 기다란 고대 이집트의 파피루스(가운데)와 미라(아래).

을 그대로 묘사한 벽화는 시간만 되면 며칠이고 계속 보고 싶을 정도였다. 한 농민이 누군가에게 무엇인가를 주는 장면이 있었다. 농민이 세무 공무원에게 뇌물을 건네는 모습이었다. 본진인 카이로에는 못 미치겠지만 토리노 이집트 박물관도 한번 가보기로 했다.

3만 점이 넘는 유물을 보유한 토리노 이집트 박물관은 세계적 규모를 자랑하는 이집트 관련 박물관이다. 그곳에 간 이유는 이집트 유물 때문이 아니다. 후발국이라고는 하지만 이탈리아 제국주의의 과거를 보고 싶었다. 2차 대전 때 이탈리아는 독일하고 함께 아프리카를 침공해 리비아, 이집트 서부 사막, 모로코, 알제리, 튀니지에서 전투를 벌였다. 대영 박물관 등이 그러하듯 토리노 이집트 박물관에서 제3세계 문화재를 약탈한 '제국주의의 맨 얼굴'을 보고 싶었다.

이집트 박물관은 그람시 하숙집에서 멀지 않았다. 박물관 앞에는 아침부터 긴 줄이 늘어서 있었다. 카를로 에마누엘레 3세가 이집트산 책상을 보고 반해 1753년에 이집트 유물 수집단을 보낸 일에서 시작된 만큼 이 박물관의 역사는 250년이 넘는 셈이다.

사람이 너무 많아 인파에 이리저리 밀려다녀야 했지만 전시된 유물은 명성답게 대단했다. 지금까지 본 유물 중에서 가장 긴 듯한 파피루스부터 다양한 벽화, 조각, 미라 등이 있었다. 개 미라와 악어 미라도 봤다. 악어 미라는 기억이 가물가물하지만 이집트에서도 못 본 듯하다. 다빈치 박물관처럼 홀로그램 기술을 이용해 허공 속에 미라가 누운 관도 재현했다. 박물관도 정보기술 시대에 맞게 바뀌고 있었다. 지하에 자리한 이집트 조각관은 커다란 공간을 검은 배경으로 삼

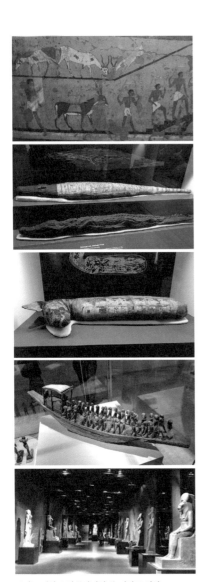

토리노 이집트 박물관에서 본 이집트 벽화.
악어 미라, 개 미라.
이집트 시대 선박을 재현한 미니어처.
고대 이집트로 돌아간 듯한 느낌을 준 지하 이집트 조각관(위부터).

아 거대한 조각상 수십 점을 세워놓았는데, 마치 타임머신을 타고 옛 이집트에 간 기분이었다.

그람시 거리의 그람시 식당

토리노의 그람시 거리에 '그람시'라는 식당이 있다고 해서 저녁을 먹으러 갔다. 토리노만이 아니라 로마를 비롯한 이탈리아의 웬만한 도시에는 그람시 이름을 내건 거리가 있다. 시칠리아의 체팔루에서 기차역 밖으로 나오자마자 그람시 거리가 나타나 놀란 적이 있다. 그람시하고 아무 연고도 없는 작은 도시에 공산당 출신 좌파 정치인의 이름을 단 거리를 만들다니, 우리는 상상할 수도 없는 일이다. 한국의 어느 도시에 '박헌영 거리'를 만든다고 생각해보라. 게다가 그람시 식당이라니! 한국에 '박헌영 식당'이 생기면 장사가 될까? 날마다 태극기 부대가 몰려들어 시위를 벌이는 통에 식당 문도 제대로 열지 못할 게 뻔하다.

식당은 저녁 8시에 문을 열었다. 시내를 여기저기 다니며 아이쇼핑을 하다가 해가 지고 어둠이 깔릴 무렵 식당으로 되돌아갔다. 'GRAMSCI'라는 일곱 글자가 적힌 네온 간판이 토리노 시내를 당당히 밝히고 있었다. 극우 포퓰리즘이 기승을 부리고 극우 정당이 집권 연정에 참여하는 나라인데도 그람시라는 이름을 내건 식당에 사람들이 넘쳐날 만큼 다양성을 허용하는 현실이 부러웠다.

그람시 식당에서 먹은 새우 파스타.

그람시라는 이름이 어울리지 않는 고급 식당이었다. 자리에 앉으니 잘생긴 아프리카계 웨이터가 그람시라고 쓴 둥글고 작은 통 같은 물건을 건넸다. 돌돌 만 물수건이었다. 한국에서는 구할 수 없는 '레어템'이었다. 기념으로 하나 더 달라고 해서 챙겨 넣었다. 지중해에서 잡은 커다란 새우를 세 마리 올린 파스타는 가성비와 가심비가 모두 뛰어났다. 여기서 멀지 않은 낡고 비좁은 하숙집에서 살던 어느 가난한 대학생이 떠올랐다.

"그람시 선생, 미안해요."

그람시 기일을 맞아 꽃을 바치는 이탈리아의 '적기 부대'.

18장

토리노 2
피아트와 노동자평의회

토리노는 '피아트의 도시'이고, 피아트는 이탈리아를 대표하는 자동차다. 그람시가 대학을 다닌 1910~1920년대 토리노는 피아트 자동차를 중심으로 산업화가 빠르게 진행되면서 공장 노동자가 크게 늘어났다. 노동자들을 중심으로 사회당도 빠르게 성장했다. 그 무렵 이탈리아 진보 정치의 중심은 아직 사회당이었다.

그람시와 '새로운 질서'

그람시와 톨리아티는 함께 사회당에 입당해 활동했다. 그람시는 《전진》이나 《인민의 외침》 같은 진보 언론에 기고하며 논객으로 명성을 쌓았고, 편집장으로 성장했다. 급성장한 사회당은 외형만큼 내실을 갖추지 못한데다가 기회주의적 태도를 보이면서 많은 문제를 일으켰다. 그람시와 톨리아티 등은 당내 좌파 그룹을 형성했고, '그람시의 토리노 시절' 하면 떠오르는 잡지 《신질서》를 만들었다. 공산주의 노선에 가까운 이 잡지는 창간하자마자 주목을 받았다.

그람시와 《신질서》는 공장평의회 운동에 역량을 집중했다. 자본주의에서는 정치적 민주주의가 발전하지만 모든 민주주의와 시민권은 공장 문 앞에서 멈추며, 공장 안은 철저한 지시와 복종이 관철되는 전제 체제다. 마르크스는 이런 상황을 '공장 전제정'이라고 불렀다. 사장이 일을 하라고 지시할 때 같은 시민끼리 왜 명령하느냐고 대들면 당연히 당장 해고된다. 그러나 피아트 등 토리노의 선진 노동자들은 평의회를 만들어 '작업장 민주주의'를 실천하면서 자본가에게 이런 요구를 했다. 작업장에서 일어나는 중요한 문제를 노동자들이 민주적으로 결정하겠다고 주장했다. 공장의 진정한 주인은 자본가가 아니라 노동자라는 사실을 인정받으려는 투쟁이었다. '노동자 자주관리'라고 부르기도 하는 '노동자 민주주의'가 미래 사회의 핵심이라고 보고 일찍이 공장평의회 운동을 주장한 사람이 바로 그람시였다.

1차 대전이 끝난 뒤 이탈리아에서는 노동자와 자본가가 모두 강력한 힘을 바탕으로 취약한 정부를 양쪽에서 압박했다. 러시아 혁명까지 일어나면서 혁명적 분위기가 팽배해지자 8시간 노동제와 최저임금제가 도입됐다. 이런 분위기에 맞춰 《신질서》는 그동안 사회주의 혁명의 핵심으로 여겨온 당과 노동조합을 넘어 공장평의회를 만들자고 주장했다. 전시에 대비해 하향식으로 조직한 '공장운영위원회'를 노동자들이 스스로 대표를 뽑는 공장평의회로 바꿔 생산 시설과 노동 과정을 직접 통제하게 한 뒤, 궁극적으로는 소련식 소비에트로 발전시키자는 생각이었다.

> 노동자 계급의 사회생활은 조직이나 활동 측면에서 풍부하며, 이런 요소를 발전시킬 필요가 있다. …… 공장의 내부 운영위원회, 사회주의 모임, 농민 공동체 등이야말로 우리가 직접 작업에 들어가야 할 프롤레타리아적 삶의 중심들이다. 내부 운영위원회는 기업가들이 강제로 부과한 한계를 털어내고 새로운 삶과 에너지를 투입해야 할 노동자 민주주의의 기관이다.

조합원이 1만 6000명인 금속노조는 이런 제안을 받아들여 공장평의회를 조직했고, 피아트 등 대기업들은 깜짝 놀라 공장을 폐쇄했다. 노동자들은 2만 명이 참여한 총파업을 벌였다. '붉은 2년'(1919~1920)이라고 불리는 역사적인 투쟁이 시작됐다. 토리노, 밀라노, 제노바 등 공장이 밀집한 북부를 중심으로 노동자들은 공장 폐쇄에 맞서서 공장을 장악하는 공장 점거 운동으로 나아갔다. 자연 발생적인 투쟁에는 지도부도 없었다. 사회당과 노동조합의 중앙 지도부는 갈팡질팡하면서 투쟁을 제대로 지원하지 않았고, 공장 현장에 관한 노동조합의 통제권을 인정하는 수준으로 노동자들이 내건 요구를 크게 축소한 타협안을 투표로 통과시켰다.

1920년 10월에 노동자들은 공장 점거를 풀었고, 공장평의회 운동은 패배했다. 반동과 탄압이 시작됐다. 그람시에 따르면 피아트에서

5000명이 해고됐고, 공장평의회는 해산됐으며, 실질 임금이 삭감됐다. 패배로 끝난 한국의 '87년 노동자 대투쟁'하고 비슷하다. 그람시는 '죽어가는 부르주아의 머리맡에 앉아 고통을 짧게 해주는 노력조차 않는 유산 상속자의 심리'라고 사회당을 강하게 비판했고, 1921년 당내 좌파 그룹이 주도한 공산당 창당에 합류했다.

　좌파 지식인들은 거시적인 정치 전략보다는 눈앞의 좁은 경제적 이익을 중시하는 조합주의 경향 때문에 노동자들의 투쟁이 결정적 순간에 패배로 끝났다고 비판했다. 그람시도 공장평의회 운동이 당에 충분히 연결되지 못한 점은 한계라고 인정했다. 이른바 '남부 문제'에 관련해 공장평의회 운동이 지역적으로 공장 지대인 북부에 한정되면서 남부 농민의 지지를 받지 못한 점이 중요한 패인이라며 안타까워하기도 했다. 그렇지만 '붉은 2년'이 노동자들 탓에 패배했다는 주장에는 단호히 반대하며 이렇게 말했다. "어느 누구도 어려운 조건 아래에서 영웅적인 투쟁을 한 노동자들을 비판할 수 없다."

　노동자들은 패배했다. 그러나 그 패배는 노동자들의 희생이 헛되다는 의미일까? 그렇게 생각하지 않는다. 우리는 오히려 노동자들의 희생이 헛되지 않았다고 확신한다.

　그람시는 좌파 지식인들에게 흔한 먹물 근성과 엘리트주의를 벗어나 대중을 무한히 신뢰하고 눈높이를 맞췄다. 무엇보다도 상식의 중요성을 강조했고, 학력이나 지식에 상관없이 '모든 인간은 지식인'

이라고 말했다. 초등학교도 안 나온 농부도 농사에 관해서는 박사보다 뛰어난 지식인이라는 지적은 정말 탁월했다. 유학 시절 읽은 그람시의 지식인론이 보통 사람들을 바라보는 내 눈을 바꿔놓았다.

포드주의와 미래의 그람시주의

토리노에서 보낸 마지막 하루는 자동차의 날이었다. 여러 곳을 옮겨 다녀야 하는 만큼 피렌체에서 차를 빌렸다. 대부분 소도시를 돌아다니느라 차가 꼭 필요했지만, 토리노에서는 걷거나 대중교통을 이용했다. 마지막 날은 토리노 공항에서 렌터카를 반납한 뒤 사르데냐로 날아가야 해서 어쩔 수 없이 차를 끌고 나갔다. 유스 호스텔 직원에게 물어보니 주차는 뜻밖에 간단했다. 주차 구획선에 따라 흰색은 공짜, 노란색은 택시, 장애인, 주민 전용, 파란색은 유료 주차이니까 흰색이나 파란색을 찾으라는 말이었다. 주차 요금 내는 방법이 걱정됐지만, 현장에서 해결하기로 하고 시동을 걸었다.

첫 목적지는 그람시와 노동자들이 함께 투쟁한 피아트 자동차 공장이었다. 여행을 준비할 때 '붉은 2년' 시절의 피아트 공장을 도저히 찾을 수 없었다. 그래도 그람시의 흔적을 좇아 현재의 피아트 공장에 왔는데, 그리 멀지 않은 곳에 자리한 공장 정문 앞에서 우리는 모두 놀라고 말았다. 간판이 '피아트크라이슬러'였다. 피아트는 미국 자동차 회사 크라이슬러를 흡수 합병해 다국적 기업으로 성장해 있었다.

포드주의의 상징인 피아트 링고토 공장은 쇼핑몰로 바뀌었다.

《옥중수고》를 보면 '포드주의와 아메리카주의'라는 장이 나온다. 1920~1930년대에 포드 자동차가 도입한 혁신적 생산 체제를 가리키는 포드주의라는 말을 처음 만든 사람이 그람시다. 그것도 감옥에서 말이다. 포드는 수공업적 방식에 머물던 자동차 생산을 분업에 바탕한 일관 조립 라인과 대량 생산 체제로 변화시켰다. 생산성이 크게 높아지고 자동차도 싸졌다. 대량 생산한 자동차는 노동자들이 샀다. 포드주의는 생산성 향상에 상응해 고임금을 받는 노동자들을 대량 소비로 유도하는 혁신적인 자본주의 체제였다. 포드주의 덕에 '자가용 타는 풍요한 노동자'들이 생겨나고 자본과 노동이 공생하는 '노사협조주의'가 자리잡았다. 그람시는 이런 변화가 나타나는 초기의 움직임에 주목해 포드주의라는 말을 만들어냈다.

피아트는 노동자들의 투쟁을 분쇄한 뒤 신기술을 도입해 엄청나게 큰 최첨단 공장을 건설했다. 그람시가 주목한 공장평의회 운동이 벌어진 현장을 부수고 1926년에 새로 지은 곳이 바로 전설적인 링고토 공장이다. 이제 링고토 공장을 찾아갈 시간이다.

링고토 공장은 길이 500미터에 5층짜리 건물이었다. 1층에서 5층까지 움직이는 조립 라인에서 노동자 1만 2000명이 빠른 속도로 자동차를 만들었다. 옥상에 자동차 시험 드라이브 트랙까지 설치된 '꿈의 공장'이었다. 여기서 대량으로 만든 피아트 자동차들이 이탈리아와 유럽을 누볐다. 토리노를 상징하던 이 공장도 시대 흐름에 밀려 1982년에 대형 쇼핑몰로 바뀌었다.

그람시가 주목한 포드주의 시대가 끝난 셈이었다. 소품종 대량 생산을 특징으로 하는 포드주의는 자동차 조립 라인으로 상징되는 장치 산업이었고, 한 라인이 파업을 하면 전체 공정이 멈추기 때문에 안정된 노사 관계가 중요했다. 1980년대 들어 과학기술혁명이 시작돼 기술 발달이 빨라지면서 상품의 수명도 짧아졌고, 그 결과 그때그때 새로운 기술과 시장 변화에 유연하게 적응할 수 있는 생산의 유연화가 중요해졌다. 노동의 유연화라는 이름 아래 비정규직을 일상화시킨 포스트포드주의가 포드주의를 몰아냈다.

한때 유럽을 호령하던 최첨단 공장에서 쇼핑몰로 바뀐 링고토를 보고 있자니, 더 나은 공장, 더 나은 이탈리아, 더 나은 세계를 위해 투쟁한 피아트 노동자들이 생각났다. 투쟁은 패배로 끝났지만, 그 투쟁 덕에 유럽 곳곳에 노동자가 경영에 참여하는 산업 민주주의가 도입됐다. 스웨덴, 핀란드, 노르웨이, 덴마크, 네덜란드, 독일, 프랑스, 오스트리아, 헝가리, 크로아티아, 슬로베니아, 슬로바키아 등은 국영 기업뿐 아니라 민간 기업에도 노동자 대표가 노동자 이사로 경영에 참여하고, 스페인, 포르투갈, 아일랜드, 폴란드는 국영 기업과 일부 민간 기업에만 참여한다.

한국도 김대중, 노무현, 문재인 대통령이 모두 대선 공약으로 노동자 경영 참여 제도화를 내걸었지만, 당선 뒤에는 언제 그랬냐는 듯 오리발을 내밀었다. 그람시가 100년 전에 주장한 노동자 민주주의를 한국은 아직 시작도 못하고 있는 셈이다.

인공 지능과 로봇, 자동화가 인간의 노동을 대신하는 '4차 산업혁명' 시대라고들 한다. 조지프 슘페터는 자본주의를 '창조적 파괴'의 체제라고 정의했지만, 아무리 새로운 것을 창조한다고 해도 희생자가 돼야 하는 숱한 '잉여 인간'과 노동자들은 어쩌라는 말인가? 감옥에 갇혀서도 자본주의 발달과 기술 변화가 노동자의 삶과 노동운동에 끼칠 영향을 고민한 그람시는 4차 산업혁명에 관해 뭐라고 말할까.

자동차와 토리노, 그리고 자동차 박물관

노동자평의회 운동 때 만든 자동차도 구경할 겸 자동차 박물관을 찾았다. 딱히 그런 목적이 아니더라도 이곳은 토리노를 가면 반드시 들러야 하는 장소다. 19세기 말부터 현재에 이르는 자동차의 역사를 한눈에 훑고, 다른 곳에서는 잘 볼 수 없는 희귀한 자동차들을 줄줄이 만날 수 있다. 10분에 80유로부터 두 시간 반에 800유로까지 요금을 내고 꿈의 슈퍼카를 시승하는 프로그램도 재미있다.

자동차의 역사 코너는 1498년 다빈치가 설계한 동력 마차부터 시작했다. 단순히 시대별 자동차만 보여주는 데 그치지 않고 자동차 제조 과정의 변화도 같이 알려줬다. 초기에는 장인이 수공업적 방식으로 차를 일일이 만들었는데, 그때 쓴 작업 도구까지 잘 전시돼 있었다. 붉은 2년 시기에 만든 자동차는 없었지만, 1922년에 만든 차가 있어서 내 차인 양 손을 짚고 기념 촬영을 했다. 유선형 자동차와 대량생산 체제의 등장 등 자동차의 변화를 보여주는 전시물이 이어졌다.

자동차 박물관은 자동차 변천사를 넘어 자동차가 가져온 사회적

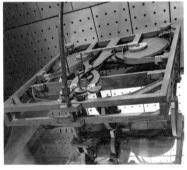

시간제 대여를 할 수 있는 슈퍼카.
초기 자동차 공장에서 쓴 장비.
공장평의회 시절에 생산한 피아트 자동차.
다빈치가 설계한 최초의 자동차(위부터).

변화부터 지구화에 따른 자동차 산업의 변신 등 정치경제적인 내용까지 포괄했다. 또한 '자동차의 사회학'이라 할 수 있는 관점에서 보통 사람이 할리우드 영화를 보며 마이카를 꿈꾸는 과정이나 자동차가 우리 삶을 변화시킨 역사를 시각적으로 잘 드러냈다. 이를테면 자동차 보급과 프리섹스 확산의 관계를 쭉 늘어선 커다란 포스터들로 설명하고, 기다란 벽을 붉은 네온으로 처리해 이름 없는 엔지니어와 디자이너들이 자동차 산업에 한 기여를 이해하기 쉬운 표로 기록했다. 그중 중요한 사람은 사진을 붙이고 혁신의 내용을 설명했다. 이름 없는 엔지니어가 한 노력까지 기억하려는 섬세함에 박수를 쳤다.

이탈리아 하면 디자인인 만큼 자동차 디자인을 다룬 전시관이 따로 있었다. 혁신적 디자이너들이 만든 자동차 디자인과 멋진 슈퍼 카들이 눈길을 사로잡았다. 마르첼로 간디니라는 자동차 디자이너가 가장 큰 비중을 차지하고 있었는데, 정말 차가 날아가는 듯했다. 마지막이 백미였다. 폐허가 된 지구 위에 부서진 자동차 잔해들을 올려놓고 석유 고갈에 따른 화석 문명의 종말을 형상화한 뒤, 재생 가능생태 에너지라는 화두를 던졌다. 세계적인 자동차 회사가 되려면 이정도 안목과 철학은 지녀야 하는 모양이다.

토리노의 적기 부대

사르데냐행 비행기를 타러 공항에 가기 전에 엔에이치 컬렉션 앞 파

사회적 변화와 자동차의 변천을 보여주는 전시물.
자동차 발전에 기여한 엔지니어들을 기리는 전시물.
이탈리아가 자랑하는 자동차 디자이너 명장의 디자인.
화석 문명의 종말과 대체 에너지를 다룬 전시물.
자동차가 섹스에 미친 영향을 다룬 전시물(위부터).

스타 가게에서 점심을 먹기로 했다. 전날 먹은 음식이 정말 맛있어서 다시 찾은 곳이었는데, 사람들이 줄을 서는 맛집이었다. 파스타 면을 만드는 모습을 직접 볼 수 있고, 면 종류를 먼저 고른 뒤 토핑을 정하면 된다. 주차가 어려운 도심이라서 광장을 여러 번 돌다가 파란색 자리를 겨우 찾았다. 주차 요금을 낸 뒤 영수증을 차창에 끼워놓는 방식인데, 주차 요금 계산기를 붙잡고 한참 땀을 흘린 뒤에야 영수증을 받을 수 있었다.

주차를 하고 걸어가는데 식당 앞에 경찰차가 여러 대 보였다. 우리가 공항 간다니까 경호해주려나 하고 농담을 하면서도 무슨 일이 있나 궁금했다. 식당에 들어가 주문을 하고 음식을 기다리는데, 커다란 붉은 깃발을 든 사람 10여 명이 나타나 엔에이치 컬렉션 쪽으로 행진했다. 집회 때문에 출동한 경찰이었다. 시위대 지도자인 듯한 백발의 노인이 사다리에 올라 그람시의 이름을 새긴 붉은 석판에 헌화했다. 사흘 뒤가 그람시 기일이라서 연 추모 집회였다. 그람시 추모식에 맞춰 일정을 잡았더니 덤으로 이런 장면을 보게 됐다. 붉은 깃발은 재건공산당의 당기였다.

이탈리아 공산당은 한때 지지율 35퍼센트를 자랑한 서구 최강의 좌파 정당이었지만, 소련과 동유럽의 현실 사회주의가 몰락하면서 무너졌다. 그중 우파는 민주좌파당이 되고 좌파는 재건공산당으로 옷을 갈아입었다. 민주좌파당은 더 우경화해 민주당으로 이름을 바꿨고, 2018년 총선에는 18.8퍼센트를 얻어 제1 야당이 됐다. 재건공산당은 이 총선에서 비례대표 의석 배분 득표율(5퍼센트)에 못 미치

이탈리아 경찰이 그람시 추모 집회를 감시하는 모습.
두 번 찾아간 생면 뽑는 파스타 맛집.
그람시 기일을 기념하는 이탈리아 재건공산당 노투사들을 만나서 한 기념 촬영(위부터).

는 4.5퍼센트를 얻는 데 그쳐 원외 정당으로 전락했다.

"저도 그람시를 찾아서 여기 왔습니다."

적기 부대 노인들은 아주 반가워하면서 같이 사진을 찍자고 잡아 끌었다. 나는 이탈리아어를 못 하고 노인들은 영어를 거의 몰라 긴 이야기를 하지는 못했다. 그나마 영어를 조금 하는 사람을 통역으로 삼아 헌화를 한 노인에게 물었다.

"재건공산당은 무슨 계획을 하고 있습니까? 당의 미래에 관해 어떻게 생각하십니까?"

"5월 1일 메이데이에도 여기 와서 집회를 할 겁니다."

통역의 수준을 고려해 더 많은 대화는 포기했다. 함께 사진을 찍고 식당으로 돌아가는데 이상한 느낌이 들었다. 나를 쳐다보는 이탈리아 경찰들의 눈빛이 곱지 않았다. 웬 동양인이 재건공산당 당원들을 반가워하고 기념 촬영까지 하느냐는 표정이었다. 따가운 시선을 뒤로한 채 토리노를 떠나 사르데냐로 향했다.

칼리아리 시내의 낮은 건물과 좁은 도로와 작은 차들.

19장

사르데냐 1
이탈리아의 호남 문제

사르데냐는 이탈리아 영토인 시칠리아와 프랑스령 코르시카 사이에 자리한 섬이다. 섬이라고 하지만 시칠리아만큼 커서, 면적이 제주도의 14배에 이르고 해안선도 2000킬로미터가 넘는다. 시칠리아만큼 알려져 있지는 않지만 선사 시대를 비롯해 역사 유적이 많고, 푸른 바다와 아름다운 마을이 널린 곳이다. 이 섬 한가운데에 길라르차라는 마을이 있다. 인구 4500명인 이 작은 마을이 바로 20세기 최고의 좌파 사상가 안토니오 그람시가 어린 시절을 보낸 곳이다.

사르데냐, 그람시의 고향

그람시는 알레스라는 작은 마을에서 태어났다. 고등 교육을 받은 아버지는 등기소장으로 일하고 있었다. 불행은 그런 아버지가 부정 혐

사르데냐는 관광으로 먹고산다. '모래 도둑은 범죄'라는 포스터(위).
사르데냐의 이국적인 풍광을 자랑하는 홍보물(아래).

의로 감옥에 가면서 시작됐다. 그람시 가족은 외가가 있는 길라르차로 이사했다. 가족들은 하녀가 어린 그람시를 떨어트린 탓에 자라면서 등에 혹이 생겼다고 말했다(얼마 전부터 그람시의 장애가 결핵균이 척추에 침투해 기형을 일으키는 결핵성 척추염, 곧 포트병 때문이라는 주장이 나온다). 돌팔이 의사가 쇠사슬이 달린 깁스를 씌워 어린 그람시를 대들보에 매달게 하는 바람에 키까지 자라지 않아 150센티미터도 안 되는 작은 사람이 되고 말았다. 가난과 장애 속에 등기소 사환으로 일하면서 공부해야 했지만, 그람시는 뛰어난 학생이었다. 아이들하고 뛰어놀기보다는 독서에 빠져 종종 몇 주씩 얼굴을 볼 수 없을 정도였다. 그런 학구열 덕에 그람시는 장학금을 받아 토리노 대학교에 유학을 갈 수 있었으리라.

토리노를 떠난 비행기는 지중해를 가로질러 사르데냐 섬 동남쪽 칼리아리에 도착했다. 공항에는 사르데냐를 알리는 각양각색의 커다란 사진들이 보였는데, 시칠리아하고는 또 다른 이국적이고 강렬한 느낌이었다. 교회가 가정집보다 더 많은 마을, 큐클럭스클랜 같은 흰 두건을 쓰고 하는 축제를 찍은 사진이 보였고, 휴양지로 유명한 사르데냐 해변에는 '모래 도둑은 범죄'라고 쓴 포스터도 있었다.

15만 명이 사는 칼리아리는 사르데냐 주의 주도이자 주에서 가장 큰 도시다. 그람시는 사회주의자인 형하고 함께 이곳에 유학을 와 고등학교를 다녔다. 예약한 렌터카를 찾아 시내로 향했다. 중심가에 자리한 숙소로 가는 동안 도로가 좁아 애를 먹었다. 짐을 내린 뒤에는 주차할 곳을 찾지 못해 빙빙 돌다가 공영 주차장에 차를 세워야 했다.

칼리아리 야외 식당에서 먹은 맛있는 음식들과 미남 종업원.

주차장은 숙소에서 꽤 떨어진 곳이었지만, 왼쪽으로 칼리아리 시내를 바라보고 오른쪽으로 바다를 감상하면서 걸어오는 길이 멋졌다. 숙소 주인이 추천한 맛집으로 저녁을 먹으러 갔다. 브래드 피트를 닮은 잘생긴 웨이터가 야외 식탁으로 해물 리소토와 소고기 다다끼, 갖가지 파스타를 가지고 왔다. 이탈리아는 세계적인 음식의 나라였다. 여행 내내 주문에 실패한 적이 한 번도 없었다.

사르데냐, 이탈리아의 호남

다음날 아침 본격적으로 사르데냐 답사에 나섰다. 볼 만한 곳이 많다고 듣기는 했지만 욕심 부려 긴 일정을 잡을 수는 없었다. 아침에 칼리아리를 출발해서 이틀 동안 사르데냐 곳곳을 훑고 다음날 저녁에 길라르차에 도착하기로 결정했다. 사르데냐에서 보내는 마지막 날인 4월 27일이 그람시 기일이라 추모식에 참석하고 생가를 돌아보기로 했다.

어디를 들를지도 고민이 됐다. 첫날은 칼리아리에서 남쪽으로 가까운 유적 지대인 노라와 중부에 있는 고대 유적인 누라게 수 누락시를 본 뒤, 서쪽 바다로 달려가 타로스를 거쳐 북상해 사르데냐 제2의 도시인 알게로에서 자기로 했다. 다음날은 남쪽으로 내려가 바닷가에 자리한 보사를 들른 뒤 동북쪽으로 올라가 카스텔사르도, 사싸리, 누아로를 거쳐 길라르차로 들어가기로 했다.

칼리아리 언덕에 자리한 로마 시대 원형 극장은 사르데냐의 수난사를 증언한다.

농업과 광업 등 1차 산업에 의존하는 사르데냐는 발달한 공업 지역인 북부에 지배되고 착취당해온 낙후한 변방이다. '이탈리아의 제주도' 또는 '이탈리아의 호남'이라고 할 수 있다. 이탈리아 정치의 심각한 갈등 요소인 남부 문제의 핵심에 사르데냐가 자리잡고 있다. 그람시가 살던 19세기 말에서 20세기 초에 이탈리아를 지배한 북부는 자기 지역의 공업을 보호하느라 강력한 보호 무역 정책을 폈고, 유럽 수출길이 막힌 사르데냐 경제는 더 피폐해졌다. 그람시는 이런 현실을 바라보면서 일찍이 정치적으로 눈을 떴으며, 칼리아리에서 공부하던 고등학교 시절에 사르데냐 분리 독립을 주장하는 열렬한 '사르데냐주의자'가 됐다.

고대 로마 식민지인 칼리아리에 남아 있는 원형 극장을 보러 언덕으로 올라갔다. 작기는 하지만 잘 보존된 원형 극장이 본토에 지배당한 사르데냐의 수난사를 증언하고 있었다. 바닷가를 따라 길쭉하게 자리잡은 칼리아리 시내가 훤히 내려다보였다. 감수성 예민한 고등학생 그람시가 기염을 토하고 있었다.

"본토 놈들을 모두 바다로 쓸어 넣어버리자."

사르데냐주의자에서 마르크스주의자로

칼리아리를 떠나 사르데냐의 드넓은 평원을 달리면서 그람시가 평생 고민한 남부 문제를 생각했다. 급진적 사르데냐주의자 그람시는 토리노 대학교에 들어간 뒤 많은 책을 읽고 노동운동과 마르크스주의를 접하면서 빠르게 바뀌었다. 사르데냐를 비롯한 이탈리아 남부가 비옥한 토지와 풍부한 자원을 가지고도 가난하게 사는 이유가 단순히 북부 때문이 아니라는 사실을 깨달았다. 북부라는 특정 지역이 문제가 아니라 북부의 자본가와 남부의 지주 같은 '반동 집단의 연합'이 핵심이었다.

그람시는 남부 내부의 모순에 눈감은 채 분리 독립 등을 통해 문제를 해결하려는 사르데냐주의자들은 물론 남부 문제라는 지역 문제를 외면하고 모든 모순을 계급으로 환원해 분석하려는 북부의 마르크스주의자 등 좌파 지식인을 모두 비판했다. 또한 토리노 같은 북부 도시의 노동자들이 사르데냐 등 남부의 농민들을 향해 낡은 지역주의의 족쇄에 얽매여 있다고 비난하지만 가장 선진적으로 보이는 도시 노동자들도 같은 기업이나 같은 직종에 속한 노동자들의 경제적 이익만 생각하는 경제적 조합주의, 곧 '납덩이를 단 족쇄 같은 생각'에 갇혀 있다는 점을 비판했다. 나아가 북부의 선진 노동자들이 남부의 농민과 북부의 다른 기층 민중들에게서 지지와 신뢰를 얻으려면 '노동자 계급 안에 존재할 수 있고 실제로 존재하는 일종의 이기심'을 극복해야 한다고 경고했다.

남부 농민이 인구의 다수를 차지하는 만큼 북부의 선진적 노동자가 농민을 자기편으로 끌어들여 북부 노동자와 남부 농민의 연합을 형성하지 않는 한 이탈리아에서 사회 변혁은 불가능하다고 그람시는 주장했다. 1919~1920년의 공장 점거 운동 등 북부 공업 지역에서 일어난 급진적 노동운동도 남부 농민의 지지를 얻지 못한 탓에 실패했다고 봤다. 남부의 농민이 북부의 보수 지배 세력을 지지하는 모순은 교황청과 가톨릭이라는 보수적 종교와 기생적인 남부 지식인들 탓이었다. 그람시는 바로 이 매개를 변화시켜야 한다고 생각했다.

감옥에 갇히는 바람에 남부 문제를 풀 더 깊이 있는 해법을 제시하지는 못했지만, 그람시가 한 이런 생각은 지역주의 때문에 고통받는 한국에 많은 것을 알려준다. 사르데냐주의처럼 호남의 내부 문제를 보지 못하고 호남끼리 대동단결해 영남에 맞서 싸우자는 '호남주의'도, 호남이라는 지역 문제를 인식하지 못하고 모든 것을 계급론적으로 환원하는 몇몇 좌파도 모두 문제라는 점을 가르쳐주기 때문이다.

외국 학자들은 한국에 오면 광화문광장을 메운 촛불 시위 등 역동적인 시민사회와 활발한 사회운동에 감탄하고 부러워한다. 그러면 나는 고개를 가로저으며 말한다. "자랑이 아니고 수치죠. 나는 이런 거리의 정치가 사라지기를 바랍니다." 이해가 되지 않는다는 이들에게는 좀더 길게 답한다.

"정치의 기능이 뭡니까? 어느 사회나 다양한 갈등이 있죠. 갈등을 평화롭게 조정하는 일이 한 사회가 부딪치는 중요한 숙제인데, 정치의 기능은 바로 이런 갈등을 의회 같은 제도 속에서 평화적으로 조정하는 겁니다. 한국은 제도 정치가 그런 기능을 못하기 때문에 시민이 거리로 뛰어나오죠. 제도 정치가 실패한 결과가 거리 정치의 활성화입니다. 나는 한국의 제도 정치가 제 기능을 해서 거리 정치가 필요 없게 되기를 바랍니다."

한국은 왜 제도 정치가 '사회적 갈등의 평화적 조정'이라는 기능을 제대로 하지 못하고 거리 정치는 폭발할까? 한국 정치가 계급과 이념에 바탕한 경쟁 구조를 갖추지 못한 채 보수 정당들이 지배하는 보수 독점 체제로 유지되기 때문이다. 이런 현실은 분단에 따른 반공주의 탓이 크지만, 또 다른 주요 요인이 바로 지역주의다. 한국의 정당은 거지부터 재벌까지 초계급적 수준에서 영남은 영남끼리 모이고 호남은 호남끼리 뭉치는 '초계급적 지역 연합'이다. 그람시가 고민한 대로, 문제는 초계급적 지역 연합 카르텔을 깨고 호남과 영남의 노동자와 농민들이 연대하는 '초지역적 계급 연합'을 구축하는 데 있다.

남부 문제와 북부동맹

그람시가 고민한 '남부 문제'는 지금도 이탈리아를 괴롭히는 골칫거리다. 그냥 '동맹'이라고 불리는 정당이 있다. 북부의 주요 도시인 밀라노를 중심으로 하는 '북부동맹'은 처음에는 발달한 북부 공업 도시들이 낸 비싼 세금으로 낙후한 남부를 먹여 살린다면서 북부의 분리 독립을 주장했다. 이런 주장이 중부와 남부에서 득표율을 올리는 데 한계가 있다고 생각한 새 지도부가 반난민과 반유럽연합으로 노선을 바꾸면서 지지율이 급상승해 2018년 총선에서 3위를 차지했다. 지금은 분리 독립 대신에 미국식 연방제, 특히 각 지방의 재정 자율성을 크게 강화한 자치를 주장한다.

로마에서 피렌체를 거쳐 토리노까지 이탈리아를 북쪽으로 거슬러 올라가는 동안 5월 말에 실시되는 유럽의회 선거에 관련된 포스터가 많이 보였다. 그중에서도 이탈리아형제당 등 극우 포퓰리즘 정당들의 포스터가 유독 눈길을 끌었다. 북부를 중심으로 극우 포퓰리즘이 기승을 부리는 이탈리아의 현실을 잘 드러낸 풍경이었다.

　　이탈리아 여행을 마치고 돌아온 2019년 5월 말에 실시된 유럽의회 선거에서 북부동맹은 34.3퍼센트의 득표율로 1위를 했다. 의석도 5석에서 29석으로 5배 넘게 늘어났다. 북부동맹의 반난민 노선이 먹힌다는 이야기다. 22.7퍼센트를 얻어 2등을 한 민주당은 12석이 줄어 19석이 됐고, 오성운동도 17.1퍼센트를 득표해 3석이 준 14석이 됐다. '적기 부대' 재건공산당은 한 석도 얻지 못했다.

누오로에 있는 산타마리아 델라 네베 성당 앞에서 다정하게 이야기를 나누는 어느 모녀와 아프리카계 청년.

20장

사르데냐 2
지중해의 숨은 보석

여행은 왜 좋을까? 여러 이유가 있겠지만, 일상에서, 일상의 고민에서 벗어난다는 점이 가장 중요하다. 아무리 이런저런 문제를 드러내고 생각해야 하는 사상 기행이라고는 하지만, 여기까지 와서 한국의 지역 문제를 고민해야 하다니! 특별한 과제가 없는 이틀 동안은 그람시도 잊고 남부 문제도 미룬 채 사르데냐를 즐기기로 했다.

고대 지중해의 흔적을 따라

노라는 지중해 지역의 고대 문명인 페니키아, 카르타고, 로마가 무역항을 만든 곳이다. 칼리아리에서 30분이면 도착할 수 있다. 주차장에서 유적지까지 걸어가는 길이 아주 낭만적이었다. 벽화가 인상적인 소박하고 오래된 교회가 가슴에 와 닿았다. 그동안 자주 본 화려하

벽화가 인상적인 노라의 성당.
16세기에 카를 6세가 세운 요새.
유네스코 세계문화유산으로 지정된 누라게 수 수락시의 돌탑(위부터).

고 큰 교회들에 대조되는, 진정한 교회 같았다. 유적지에 들어가려는데 출입문이 잠겨 있었다. 매표소로 돌아가 물어보니 개인 관광은 안되고 가이드가 안내하는 단체 관광만 허용하는데, 방금 한 팀이 떠나서 한 시간 반을 기다려야 한다고 했다.

아쉬운 마음에 차로 돌아오는데, 멀리 바닷가에 성인지 봉화대인지 모를 유적이 보였다. 사진을 찍어 서울대학교 서양사학과 최갑수 교수에게 메신저로 물어봤다. 16세기 에스파냐를 중심으로 한 기독교 국가들이 꾸린 신성동맹과 오스만 제국이 지중해의 패권을 놓고 부딪친 레판토 해전을 준비하면서 카를 5세가 사르데냐 바닷가를 따라 쭉 돌아가며 세운 요새의 하나였다. 이 옛 요새를 배경으로 삼아서 부서진 유적 위에 앉은 새 한 마리를 찍었다. 꿩 대신 매라고 할까. 이 사진, 그리고 차로 돌아오며 만난 아름다운 들판 사진으로 노라 여행은 만족해야 했다.

누라게 수 누락시로 가려면 바닷가를 벗어나 섬 한가운데로 향해야 했다. 목적지가 가까워지자 평야에 피라미드 같은 삼각형 모양을 한 돌 건축물이 나타났다. 검은 화산암으로 만든 돌탑이 사르데냐에 수천 개 흩어져 있는데, 그중 이곳이 가장 잘 보존돼 유네스코 세계문화유산으로 지정됐다.

갑자기 폭우가 쏟아졌고, 마침 점심시간이 다 돼 식당으로 들어갔다. 단체 손님을 받을 수 있는 흔한 관광지 식당이었다. 지금까지 들른 작은 식당들하고는 너무 달라 많이 기대하지는 않았다. 규모에 견줘 내부 장식은 우아했다. 여러 가지 파스타와 와인을 시켰는데,

1400년에 세운 토펫이 화사한 들꽃의 바다 사이에 떠 있다.

누라게 수 수락시에서 비를 피해 우연히 들어간 식당에서 맛본 파스타.
유네스코가 선정한 세계 최고 레스토랑이었다.

곧이어 나온 음식은 단체 관광 식당이라고 볼 수 없는 수준이었다. 유네스코가 세계 최고 레스토랑의 하나로 선정한 곳이었다.

탄소 연대 측정 결과 기원전 1500년 전에 만든 돌탑은 원래 높이가 18미터였는데, 지금은 윗부분이 무너져 14미터 정도다. 일종의 방어용 요새로, 주변에는 150여 명이 살던 작은 숙소들이 자리하고 있다. 계단을 이용해 꼭대기까지 올라가는데, 조각이 아주 정교하고 전망이 빼어나다고 한다. 여기에서도 문제가 생겼다. 가이드가 안내하는 단체 관람만 할 수 있는데, 두 시간을 기다려야 했다. 아쉬움을 뒤로하고 타로스를 향해 서쪽 바다로 달려갔다.

타로스는 노라처럼 페니키아, 카르타고, 로마가 개발한 항구다. 페니키아가 기원전 8세기에 터를 닦은 곳을 기원전 6세기에 카르타고가 정복했다. 언덕 위에 있는 토펫Tophet은 화덕처럼 생겼는데, 카르타고가 만든 비매립형 묘지 또는 신전이다. 채 두 살이 안 돼 죽은 아이들의 시체를 안치하거나 동물을 제물로 바친 곳인데, 몇몇 학자들은 인신 공양을 한 장소라고 주장하기도 한다.

더운 날씨 때문에 땀이 비 오듯 쏟아졌다. 언덕 위에 우뚝 솟은 토펫을 보면서 조금 올라가니 아름다운 지중해 바다가 눈앞에 펼쳐졌다. 고개를 오른쪽으로 돌리자 활처럼 휜 해안선을 따라 빨간 들꽃이 가득 핀 평야 뒤로 멀리 작은 마을이 보였다. 에메랄드빛 지중해가 끝없이 이어졌다. 다시 왼쪽으로 고개를 돌리자 빨간 들꽃을 배경으로 오랜 풍랑을 견뎌낸 토펫이 지나간 역사를 말없이 증언하는 듯했다. 조금 더 올라가자 빨간 들꽃 바다가 사라지는 대신 드넓은 백

타로스의 토펫과 드넓은 백사장(위). 알게로 부둣가의 낮(가운데)과 밤(아래).

사장이 모습을 드러냈다. 하얀 모래 위로 저 멀리 우뚝 솟아오른 토펫은 또 다른 절경이었다.

아름다운 지중해에 취해 아무것도 하지 않고 한참을 앉아 있었다. 20여 일에 걸친 이탈리아 여행에서 가장 편안한 순간이었다. 모든 것을 잊고 한없이 앉아 있는 시간이 얼마 만인가? 토펫에 올라가면 반대쪽에 있는 유적들이 잘 보인다며 빨리 가보라고 했지만, 가지 않았다. 지금의 평온을, 나만의 고요함을 즐기고 싶었다.

일어나기 싫은 몸을 억지로 움직여 알게로로 향했다. 칼리아리가 섬의 동남쪽에 있는 사르데냐 제1의 도시라면 알게로는 북서쪽에 자리한 제2의 도시다. 예약한 숙소에 가니 주인이 없었다. 전화로 알려준 비밀번호를 입력해 박스 속에 넣은 열쇠를 찾았다. 이제 민박도 주인 얼굴 한 번 보지 않고 이용할 수 있다니, 편리한 건지 비인간화된 건지 모르겠다.

짐을 풀어놓고 항구로 나갔다. 마침 해가 뉘엿뉘엿 지고 있었다. 그동안 많은 석양을 봤지만, 지는 햇살이 항구에 정박한 많은 요트들의 깃대를 비춰 만들어낸 황금빛 풍경은 경이로웠다. 고개를 돌려 시내 쪽을 보니 현대식 항구와 옛 성이 어우러진 멋진 그림이 펼쳐졌다. 바닷가 노천카페에 앉아 낙조를 바라봤다. 바닷바람이 차가워 안으로 들어가야 했지만, 간단한 요기를 한 뒤 한참이나 지중해 항구의 야경을 만끽했다.

형형색색의 집들이 유명한 보사 마을이 멀리 보인다.

보사 마을 중심가. 언덕 위의 성과 그 아래 원색의 마을이 이채롭다.

낯선 이들에게 선물한 추억

다음날도 일정이 만만치 않았다. 먼저 남쪽으로 내려가 바닷가의 화려한 원색 마을로 유명한 보사로 향했다. 가는 길에 갈대숲을 배경으로 펼쳐진 검은 바다가 나타나 차를 세워야 했다. 꼭 유명한 관광지가 아니어도 지중해는, 사르데냐는 어디든 사람을 끌어당기는 매력이 넘쳤다. 그렇게 마을에 도착했지만 사진에서 본 원색 건물들은 찾을 수 없었다. 마침 광장에 선 미니 관광 열차가 눈에 띄었다. 열차를 타고 마을을 한 바퀴 돌면 사진 속 장소를 찾을 수 있을까 싶어 열차를 타려 했지만, 아직 운행 전이었다. 물러설 수는 없었다. 시간이 없다고 사정을 해 간신히 열차를 탈 수 있었다.

디젤 냄새가 심하게 나서 타고 있기 힘든 열차는 시내를 통과해 언덕을 오르더니 언덕 위의 성을 한 바퀴 돌았다. 성 뒤쪽으로 가자 과수원과 숲이 가득한 고즈넉한 시골이 나타났다. 시골길이 끝나고 시내가 다시 나타나더니 강변을 따라가다가 갑자기 왼쪽으로 꺾어 다리를 건넜다. 다들 어디로 가는지 궁금해하는데 열차는 아랑곳하지 않고 다리를 건너자마자 다시 좌회전을 해 흙길을 천천히 나아갔다. 왼쪽으로 강 건너 마을이 보였다. 그 끝이 원색 마을이었다. 열차를 멈춰달라고 하니까 돌아올 때 세워준다고 했다. 한참을 달려 초기 교회가 있던 자리를 보여준 뒤 그 앞의 넓은 공터에서 꽤 긴 열차를 돌렸다. 강 건너 원색의 도시를 바라보는데 열차가 다시 우회전을 해 다리를 건너려고 하는 게 아닌가. 얼른 열차를 세워야 했다.

가던 길을 멈추게 하는 카스텔사르도의 바다.

사진을 몇 장 찍고 다리를 건너 차를 세워놓은 광장으로 걸어왔다. 내비게이션이 시키는 대로 강을 따라 난 좁은 길로 들어섰다. 중간쯤 가니 주말 축제를 준비하느라 길을 막은 채 천막을 치고 있었다. 차를 돌릴 곳도 없고 후진을 할 수 있는 상황도 아니었다. 직진하는 수밖에 없었다. 30분 만에야 교통지옥을 빠져나와 사르데냐의 북쪽 바다에 자리한 카스텔사르도를 향해 출발할 수 있었다.

　　바닷가 언덕에 자리한 카스텔사르도는 시칠리아의 타오르미나하고 비슷하다. 해발 고도는 250미터인 타오르미나보다 훨씬 낮지만, 바로 바다에 접해 있어서 또 다른 맛이 난다. 한참을 달린 끝에 바다가 보였다. 이제 우회전해서 바다를 끼고 달리면 되는데, 주유소가 보였다. 주유소가 나타나면 버릇처럼 기름을 넣어야 했다. 아뿔싸, 이탈리아식 셀프 주유기에는 카드 넣는 곳이 없었다. 주위에는 아무도 눈에 띄지 않았다. 주유기들을 이리저리 뜯어보고 있는데 마침 차가 한 대 들어왔다. 차에서 내린 사람이 구석에 있는 기계로 가 카드를 넣고 계산을 하자 몇 번 주유기로 가라는 번호가 떴다. 이탈리아식 셀프 주유소는 한국식하고 달랐다. 우리도 따라했다.

　　언덕을 올라가자 멀리 마을이 보였다. 언덕에서 마을을 내려다보고 싶어 차를 세웠다. 바다로 내려가는 오솔길이 보였다. 눈을 감고 파도 소리를 들으니 머릿속 잡생각들이 다 씻기는 듯했다. 연인인 듯한 한 커플이 바다를 바라보고 있는 모습이 아름다워 사진을 찍었다. 두 사람이 사진을 꼭 갖고 싶다고 해서 이메일 주소를 받았다. 이탈리아, 그것도 사르데냐에서 낯선 이들에게 추억을 선물하는 사람

지중해 바다 앞에 선 두 연인.

시싸리의 대성당(왼쪽)과 고산 도시 누오로에서 내려다본 사르데냐 중부 지역(오른쪽).

이 된 셈이다. 다리를 건너 마을로 들어갔다. 카스텔사르도도 타오르미나처럼 언덕 위에 있는 마을이지만 바다에 훨씬 더 가까워서 연이어 들이치는 파도와 언덕 위 마을의 풍광을 함께 즐길 수 있었다.

시싸리는 내륙에 위치한 꽤 큰 도시이지만 특별히 볼 것이 없었다. 도시를 한 바퀴 돌고 도심에 자리한 유서 깊은 성당을 둘러본 뒤 사르데냐에서는 '고산 도시'인 누오로로 향했다. 고산 도시답게 계속 산으로 올라가다가 산타마리아 델라 네베 성당으로 향했다. 유럽지역개발기금ERDP이 지원해 복원한 곳인데, 그리 크지도 않고 요란하지도 않지만 작렬하는 태양을 배경으로 우뚝 선 건물이 독특한 분위기를 자아냈다. 성당 벽에 기대어 성당 안으로 들어가려는 젊은 엄마와 어린 딸하고 다정하게 이야기를 나누는 아프리카계 청년이 눈이 띄었다. 요즘 이탈리아를 휩싸고 있는 아프리카계 난민 혐오 분위기에 어울리지 않는, 아름다운 장면이었다. 제노바에서 본 구호가 생각났다. '국경을 부숴라', '사람들이 아니라 전쟁을 멈춰라.'

그람시의 도시 길라르차로

누오로를 떠나 길라르차로 향했다. 드디어 그람시 생가에 간다고 생각하니 가슴이 뛰었다. 고산 지대에서 계속 내려가자 길라르차로 가려면 좌회전하라는 표지판이 나왔다. '여기는 그람시의 도시'라고 자랑이라도 하는 듯 표지판이 유난히 컸다.

그람시가 태어난 길라르차에서 묵은 숙소(왼쪽)와 지중해풍 한식(오른쪽).

사르데냐의 어느 마트에서 만난 이탈리아의 웃음.

마을은 내일 돌아보기로 하고 숙소부터 찾았다. 주인은 2층에 살고 1층 전체를 빌려주는데, 부엌과 식당이 훌륭했다. 떡 본 김에 제사 지낸다고 오랜만에 한식을 해 먹기로 했다. 장 보러 슈퍼에 가니, 하몽인지 베이컨인지 모를 커다란 돼지 다리를 톱으로 자르던 직원이 웃음으로 맞아줬다. 한국하고 비슷한 식재료가 많았다. 문어숙회처럼 문어 다리를 삶은 것도 보이고, 오징어고추장구이처럼 오징어를 붉고 매운 양념에 버무린 것도 있었다. 얼큰한 해물탕과 파를 듬뿍 올린 골뱅이무침을 만들어 지중해풍 한식을 먹었다.

그람시가 학교 다닐 때 오고간 길라르차의 성당 길.

21장

사르데냐 3
길라르차, 피카소를 만난 그람시

4월 27일. 오늘은 82년 전 그람시가 무솔리니의 감옥에서 목숨을 잃은 날이다. 경건한 마음으로 그람시 생가를 찾아 나섰다. 길라르차는 작은 도시다. 내친김에 그람시 기념관까지 걸어가기로 했다. 비슷하면서도 다 다른 집들을 구경하면서 천천히 걸었다. 골목을 여러 번 돌자 쭉 뻗은 꽤 큰 길이 나왔다. 정면에는 성당이 보였다. 마을의 중심 도로 같았다.

길을 걷는데 오른쪽에 그람시 얼굴이 나타났다. 추모식 행사를 알리는 포스터였다. 이 집이 생가인가 싶어 두리번거리니 가던 방향 앞쪽으로 문이 있었다. '그람시 기념관Casa Museo di Antonio Gramsci'이라는 팻말이 보였다.

사르데냐산 화산석으로 만든 꽤 큰 집이었다. 집주인인 이모와 그람시 가족 아홉 명(아버지, 엄마, 7남매) 등 모두 열 명이 살았다니, 이 정도 크기는 돼야 했겠다. 그람시는 일곱 살 때 이 집에 와 초등학

길라르차를 알리는 표지판(왼쪽)과 그람시 데드마스크 앞에 놓인 방명록(오른쪽).

화살표가 그려진 표지판(위)을 따라가면 만나는 그람시 기념관의 문을 열자 우리
를 맞은 익숙한 그람시 초상(아래).

교를 마칠 때까지 살았는데, 타지에서 중고등학교를 다닐 때도 주말과 방학에는 꼭 와서 쉬고 갔다.

안녕, 그람시

기념관이 아직 문을 열지 않아 동네를 둘러봤다. 교회 앞 사거리에는 그람시 기념관으로 가는 방향을 알려주는 화살표 안내판이 있었다. 반대 방향에서 들어와 보지 못한 모양이었다. 몸이 약해 일곱 살에 길라르차 초등학교에 들어간 그람시는 무거운 가방을 메고 이 길을 따라 학교를 다녔겠다. 광장이라고 부르기에는 작은 '그람시 광장'도 있고, 그람시를 그린 벽화도 보였다.

"손 교수, 어서 오세요."

문을 연 기념관으로 들어가자 오른쪽 벽에 걸린 커다란 그람시 초상이 반갑게 맞아줬다. 그람시 관련 책 표지에 많이 쓰여 익숙한 그림이었다. 프란체스카라는 여성 직원이 우리를 반겼다. 주말에다가 기일이라 그런지 이른 시간인데도 사람이 여럿 있었다.

기념관은 2층 건물에 방이 6개였다. 1층은 사무실이고, 전시물은 2층에 많았다. 2층으로 올라가자 그람시하고 함께 투리 교도소에 수감된 적이 있는 조각가 움베르토 클레멘티가 만든 그람시 데스마스크가 우리가 맞았다. 그 앞에는 방명록이 놓여 있었다. 잠깐 고민하다가 영어로 그람시에게 편지를 썼다.

그람시가 수감 생활을 한 투리 교도소 감방의 모습.

장애가 나타나기 시작한 어린 시절의 그람시(위), 율리아와 두 아들(아래).

우리는 당신에게 진 빚이 많습니다. 불행하게도 세상은 당신이 교도소에 갇혀야만 하던 때하고 비슷해지고 있는 듯합니다. 이런 흐름에 맞서 우리는 당신이 말한 '지적 비관주의와 의지의 낙관주의'를 무기로 삼아 싸우겠습니다.

전시실로 들어가자 투리 교도소 감방을 찍은 사진이 가장 먼저 눈에 들어왔다. 오래전 사진이라 화질이 엉망이지만 정면에 쇠창살이 달린 창문이 보였다. 왼쪽 끝에는 《옥중수고》를 쓴 책상이, 앞쪽에는 침대가 놓인 좁은 방이었다.

삶, 사랑, 혁명, 죽음

기념관에 전시된 많은 사진들 덕에 그람시의 일생을 한눈에 볼 수 있었다. 아주 어릴 때 엄마 품에 안겨 찍은 사진에는 보송보송하고 예쁜 아이가 웃고 있었다. 장애가 나타나기 전인 듯했다. 아버지와 형제들하고 같이 찍은 사진에는 이미 장애가 뚜렷하게 나타났다.

빼어난 미인과 두 남자아이를 찍은 사진의 주인공은 그람시의 부인인 율리아와 두 아들이었다. 그람시는 코민테른(국제공산당) 집행위원회에 참가하러 간 소련에서 바이올린을 전공하는 율리아 슈흐트를 만나 사랑에 빠졌다. 가족이 급진적 운동에 가담한 혐의로 시베리아에 유배됐다가 이탈리아로 도망친 덕에 율리아는 이탈리아에서 자

옥바라지를 한 처형 타냐.

그람시가 쓴 안경, 가방, 지갑(위).
환하게 웃는 의원 시절의 그람시 모습(아래).

랐다. 이탈리아어를 잘하고 이탈리아를 그리워하는데다가 공산당원
이라 정치 성향도 잘 맞아서 금세 가까워졌다. 둘은 결혼했고, 행복
했다. 오직 머리로 살아가려 할 뿐 마음으로 살아본 적이 없다고 고
백할 정도로 외롭게 지낸 그람시에게 새로운 삶이 열렸다.

어떤 사람을 사랑해보지도 않으면서 대중하고 결합할 수 있을
까? 아니 자기 식구들을 깊이 사랑한 적도 없고, 한 개인을 향한
깊은 사랑을 한 적이 없으면서, 집단을 사랑할 수 있을까? …… 당
신은 내 삶에 들어와 내게 사랑을 줬고, 나는 언제나 내게 결여돼
있던 것, 그게 없기 때문에 때때로 나 자신을 짓궂고 삐뚤어지게
만들던 것을 당신에게서 얻었소.

이탈리아에 돌아온 그람시는 감옥을 가야 했다. 둘째 아들은 감
옥에 갇힌 뒤에 태어나 그람시가 한 번도 보지 못했다. 율리아도 건
강이 좋지 않아서 이탈리아에 와 옥바라지를 할 형편이 아니었다. 율
리아를 대신해 옥바라지를 한 사람은 처형인 타티아나(타냐)였다.

전시물에는 책 표지로 쓰여 익숙한 그람시의 옆모습 캐리커처도
있고 코민테른 대회를 찍은 낡은 사진도 보였다. 붉은 색깔이 강렬
한, 러시아어로 쓴 코민테른 집행위원회 신분증도 인상 깊었다. 이탈
리아 신문에 대문짝만 하게 보도된 그람시 사망 기사, 공식 추모식,
묘지에서 열린 추모식 사진도 봤다. 초등학교 시절 성적표, 소련에
사는 두 아들에게 만들어준 장난감 등 여러 가지 물건도 전시돼 있었

그람시가 아들에게 만들어준 사르데냐 전통 수레 모형(위).
부모님 방을 고쳐 꾸민 그람시 방(가운데).
그람시 생가에 세운 그람시 기념관 입구(아래).

다. 그람시가 쓴 안경과 가방이 가장 인상적이었다. 저 안경을 쓰고 그 많은 주옥같은 글들을 썼다고 생각하니 감회가 남달랐다. 공산당 기관지인 《단결Unita》의 1면에 실린 사진도 강렬했다. 늘 굳은 얼굴이던 그람시가 환하게 웃고 있었다. 1925년이니, 결혼도 하고 아들도 낳고 의원에도 당선한 시절에 찍은 모습이었다.

다른 방에는 나무로 만든 수레가 있었다. 1950년대까지 사르데냐에서 쓴 수레의 모형이었다. 그람시가 모스크바 요양원에 머물 때 향수를 달래려고 만들어 아들 줄리아노에게 줬는데, 기념관이 생기자 줄리아노가 기증했다. 그람시가 운동할 때 쓴 나무 아령도 보였다.

그람시네 가족은 아버지와 어머니가 한방을 쓰고 다른 방에서 이모가 7남매를 데리고 잤다. 그람시는 책장이 있는 부모님 방에서 책을 읽으며 거의 모든 시간을 보냈다. 이 부모님 방에 그람시가 쓰던 침대, 옷장, 세면대 등을 놓아 그람시 방으로 재현했다.

정문 반대쪽에 있는 또 다른 문으로 나가니 자그마한 뜰이 나타났다. 어린 시절 그람시는 약한 몸을 생각해 날마다 아령을 들었는데, 집 구조를 보면 아마 이곳에서 한 듯했다. 큰 깡통 바닥에 구멍을 뚫어 물을 부으면 물줄기가 졸졸 흘러나오는 특수 샤워기도 발명했다. 특수 샤워기도 여기에서 실험하지 않았을까. 구석에는 작은 꽃밭이 있었다. 토리노 대학교 시절 몸이 안 좋아진 그람시가 집으로 돌아와 요양할 때 직접 꾸며 장미와 시클라멘을 심은 곳이었다.

뜰에는 작은 헛간이 있었다. 사르데냐 가정집마다 있는 빵 굽는 화덕 집인데, 이곳을 고쳐 또 다른 전시실로 바꿨다. 그람시가 관여

화덕 집을 고쳐 만든 그람시 관련 자료 전시실(위).
그곳에 걸린 이탈리아 공산당을 이끈 삼두마차(그람시, 톨리아티, 테라치니)의 모습(아래).

한 신문과 잡지를 모은 스크랩북과 관련 서적 등 자료가 쌓여 있었다. 벽에는 강렬한 빨간색으로 그린 낯선 그람시 초상을 걸어놓았다. 투리 교도소에 갇힌 그람시를 형상화한 추상화도 보였다. 세어라이 셔먼이라는 미국 예술가가 기증한 작품이었다.

구석에 놓인 멀티미디어 컴퓨터에서는 생전의 그람시를 기억하는 60명이 고인을 회고하는 이야기를 들을 수 있다. 투리 교도소에 함께 갇히고 나중에 이탈리아 대통령을 지낸 산드로 페르티니, 이탈리아 공산당 대통령 후보를 거친 움베르토 테라치니Umberto Terracini, 노벨 문학상 후보에 열 번 오른 소설가 이냐치오 실로네Ignazio Silone 등인데, 1970년대 후반에 기념관을 준비하면서 그람시의 조카가 일일이 찾아다니며 녹음한 기록이었다. 그람시를 포함한 세 사람을 스케치한 그림도 걸려 있었다. 프란체스카가 톨리아티와 테라치니라고 알려줬다. 이탈리아 공산당을 이끈 삼두마차인 셈이다.

숲속에서 열린 추모식

한참을 정신없이 구경하는데 프란체스카가 10시 30분부터 가까운 토레(탑)에서 추모식이 열리니 늦기 전에 그쪽으로 가보라고 알려줬다. 성당을 지나 왼쪽 언덕으로 5분 정도 걸어가자 높은 탑이 나타났다. 유리로 된 출입문에 그람시 포스터가 붙어 있었다. 아직 문이 열리지 않아 주변을 돌아보기로 했다. 앞에 자리한 교회와 파란 하늘이

어린 시절 그람시가 숲으로 놀러갈 때 지나친 성당.

눈부시고, 길 건너편에는 푸르른 숲 속으로 시냇물이 흘렀다. 맑은 공기도 마시고 산책도 할 겸 숲으로 들어갔다.

그람시는 어린 시절 신체적 장애 때문에 내성적이고 혼자 지내는 때가 많았는데, 집 근처 숲으로 가 도마뱀과 고슴도치를 관찰하고 물수제비도 떴다. 집에서 가장 가까운 숲인 만큼 그람시가 말한 곳이 여기가 아닐까 싶었다. 《로빈슨 크루소》를 읽고 감동한 그람시는 바깥에 나갈 때마다 혹시 모를 무인도 표류에 철저히 대비했다.

나는 외출할 때면 꼭 초를 입힌 조그만 보자기에 곡물 씨앗과 성냥을 싸서 주머니 속에 넣고 다녔다. 혹시 표류하다가 무인도에 도착해 혼자 살아가야 할 때를 대비해서.

추모식에 와 무슨 경망스러운 생각인가 하고 잡념을 떨치려는 순간 왁자지껄한 소리가 나서 돌아보니 십여 명이 줄지어 추모식장으로 들어갔다. 입구에서는 그람시 서거 82주기를 추모하는 그람시 미술전 화집을 팔고 있었다. 추모식장 안에도 커다란 그람시 초상과 조각들이 여기저기 보였다.

그람시의 초상과 조각을 만들어 추모 미술전을 연 주인공은 프란체스코 델 카지노였다. 서글서글한 인상을 한 카지노는 유럽을 뜨겁게 달군 68 혁명에 참여해 사회운동에 관심을 갖게 된 뒤 사르데냐에 들어와 참여 미술을 시작했다. 몇 년 전부터 그람시를 형상화하는 작업에 전념하고 있다는 카지노의 화풍이 원래 그런지는 모르겠지만,

피카소를 만난 그람시. 큐비즘풍으로 그린 그람시 초상들이 색다르다.

이번 미술전에 나온 그람시 초상화와 조각들은 큐비즘 시절의 피카소를 떠올리게 했다. 큐비즘이란 3차원 대상을 평면에 2차원으로 표현하는 대신 기하학적 면으로 분할하고 해체해서 배치해 최대한 3차원 느낌을 나게 하는 기법이다. 입체주의나 입체파라고 부르기도 하는데, 여러 조각을 조립해 어떤 형상을 만드는 큐브를 닮았다고 해서 큐비즘이라고 한다. 카지노의 손을 거친 작품 속에서 그람시는 기하학적 면으로 분할되고 해체된 뒤 3차원 인물로 재구성되고 있었다.

여러 사람이 한 사람에게 다가가 인사를 하고 명함을 건넸다. 그람시 기념관 관장인 조르조 마시오타였다. 영어를 못 하는지 옆에 선 사람이 통역을 자처했다. 건네주는 명함을 보니 로마에 돌아가 인터뷰를 하기로 약속한 주세페 바카 그람시 재단 이사장이었다. 서로 반갑게 인사했다. 마시오타 관장에게 우리들이 방문한 취지를 설명하고 한국어판으로 나온 그람시 저서 등 준비한 선물을 전했다.

마시오타 관장은 그람시 기념관에 관해 설명했다. 기념관은 몇 년 동안 착실히 준비해 1980년에 문을 열었고, 2016년에는 국가 유산으로 지정됐다. 2018년에 기념관을 찾은 사람은 하루 평균 15명으로 연간 5000명 정도 됐으며, 해마다 방문객이 늘어 2021년쯤 새 기념관을 지을 계획을 세우고 있다. 그람시를 잊지 않고 이곳까지 찾는 사람들이 끊이지 않고 있으며, 또한 늘어나는 중이라니 다행이다.

30~40명 정도 모이자 추모식이 시작됐다. 경건한 마음으로 그람시를 추모하는 묵념을 한 뒤 행사가 시작됐다. 마시오타 관장이 인사말을 끝낼 무렵 '꼬레아'라는 단어가 들렸다. 이탈리아어를 모르지

추모식에 전시된 그람시 관련 서적.
추모식에 모인 시민들.
추모 미술전을 연 작가 프란치스코 델 카지노(위부터).

만 우리를 소개하는 듯해서 일어나 이쪽저쪽 인사를 했다. 짐작대로 그람시 추모식에 참석하려고 멀리 한국에서 귀한 손님이 왔다며 우리를 소개한 모양이었다. 우레 같은 박수가 쏟아졌다. 추모식은 미술전의 주인공인 카지노가 작품에 관해 설명하고 저명한 미술 평론가들이 해설하는 방식으로 진행했다. 동시통역이 준비되지 않은 만큼 지루함을 달래려 눈을 감고 명상의 시간을 보냈다.

추모식이 끝난 뒤 모든 참가자들이 서로 인사를 하고 헤어지는데 마시오타 관장이 따라오라고 손짓했다. 작가와 평론가, 로마에서 인터뷰를 하기로 약속한 주세페 바카 그람시 재단 이사장 등 주요 손님들을 점심에 초대했는데, 한국에서 온 우리들도 귀한 손님이니 그 자리에 데려가고 싶다고 했다. 사르데냐식 음식으로 유명한 레스토랑에 들어가 자리에 앉자 미리 주문한 음식들이 연이어 나왔다. 소고기, 양고기, 돼지고기, 닭고기, 소시지를 숯불에 구운 바비큐가 정말 맛있어서 밖으로 나가 굽는 모습을 지켜보기도 했다. 좋은 날씨에 즐거운 분위기까지 더해져서 그런지 파스타도 밥도 살살 녹았다.

감옥에서 쓴 편지

점심 대접을 잘 받고 기념관으로 돌아왔다. 다시 한 번 전시관을 돌아본 뒤 기념품 코너로 갔다. 티셔츠부터 엽서, 냉장고용 자석 등 이것저것 그람시 기념품을 한 보따리 사서 나오려는데 확대해 벽에 걸

점심을 먹는 추모식 참석자들.
특이하고 맛있는 파스타.
여행의 길벗들하고 찍은 기념사진.
그람시가 감옥에서 어머니에게 쓴 편지(위부터).

어놓은 편지가 눈에 들어왔다. 구속된 뒤 재판을 받기 전인 1928년에 밀라노 교도소에서 어머니에게 쓴 편지였다.

어머니, 어머니를 가깝게 끌어안고 싶어요. 그래서 제가 당신을 얼마나 사랑하는지, 제가 당신에게 가져다준 슬픔을 얼마나 위무해주고 싶은지 느낄 수 있게 해주고 싶네요. 그러나 저는 다르게 행동할 수 없었습니다. 삶이란 이런 것이듯, 힘들고, 인간으로서 명예와 존엄을 지키려면 때로는 아들이 어머니에게 커다란 슬픔을 안겨줘야 합니다.

공감할 수밖에 없었다. 나도 대학생 시절부터 투옥, 제적, 강제 징집으로 얼마나 부모님 속을 썩였는가? 프란체스카에게 작별의 포옹을 한 뒤 칼리아리 공항으로 가면서 세상을 떠난 부모님을 생각했다.

로맹 롤랑이 쓴 팸플릿 〈안토니오 그람시 — 무솔리니 감옥에서 죽어가고 있는 사람들〉 표지.

7-8

ROMAIN ROLLAND
ANTONIO
GRAMSCI

I-TITUTO
‹ROMA›
GRAMSCI

22장

로마 1
그람시와 무솔리니

1925년 5월 17일자 이탈리아 신문들은 특이한 사진을 1면에 실었다. 파시스트당의 당수이자 총리인 무솔리니가 귀에 손을 대고 뭔가를 경청하는 사진이었다. 경청의 대상은 34세에 의원에 당선해 무솔리니를 상대로 첫 대정부 질문을 하는 그람시였다.

혁명과 파시즘

20여 일 동안 이탈리아를 가로지른 사상 기행을 끝내는 마지막 답사를 하려고 로마로 돌아왔다. 가장 먼저 찾은 곳은 무솔리니와 그람시가 맞붙은 이탈리아 의회였다. 세계인이 찾는 관광지 로마에서도 이탈리아 내비게이션은 우리를 괴롭혔다. 가라는 대로 가보니 꽉 막힌 일방통행 골목이 나왔다. 따가운 시선을 받으면서 기어가듯 움직

그람시가 무솔리니에게 호통을 친 이탈리아 의회. 무솔리니는 그람시의 탁월한 두뇌를 두려워했다.

여 사람들의 파도를 가까스로 통과할 수 있었다. 이런 골목이 한두 곳이 아니었다. 어렵게 도착한 의회 앞에 서자 두 거인이 충돌한 그날이 생생하게 보이는 듯했다.

목소리가 가냘퍼 잘 들리지 않았지만 그람시는 무서운 기세로 무솔리니를 몰아붙였다. 파시즘이 혁명이라는 무솔리니의 궤변에 맞서 그람시는 파시즘은 진정한 혁명이 아니라고 공격했다.

그람시 파시스트가 말하는 혁명이란 정부의 한 인물을 다른 인물로 바꾸는 짓에 지나지 않습니다. 교체에 지나지 않습니다.

무솔리니 그건 계급의 교체입니다. 러시아에서도 벌어진 일 아닙니까? 어느 혁명에서든 벌어지는 일입니다.

그람시 혁명이란 새로운 계급을 기초로 해야만 비로소 혁명이라 할 수 있습니다. 그러나 파시즘은 그렇지 않습니다. 지금까지 권력을 잡지 못하던 계급을 기반으로 하고 있지 않습니다.

공산당이 불법 단체로 판정되지 않았는데도 왜 당원이 세 명 이상 모이면 경찰이 체포하느냐는 추궁도 했다. 그리고 이런 말을 던지면서 연설을 마쳤다.

저는 이 연단에서 이탈리아의 노동자와 농민들에게 말하겠습니다. 이탈리아의 혁명 세력은 분쇄되기 전까지는 절대 침묵하지 않을 겁니다. 파시스트의 꿈은 결코 실현될 수 없습니다.

회의장은 숙연해졌다. 연설이 끝난 뒤 무솔리니가 휴게실로 찾아와 좋은 연설이었다고 말하면서 악수를 청했지만, 그람시는 무시하고 커피만 마셨다. 그날 한 연설은 그람시가 의회에서 한 처음이자 마지막 발언이었다. 얼마 뒤 그람시는 면책 특권을 가진 의원 신분인데도 긴급 조치에 따라 체포돼 재판에 넘겨졌다.

20년 4개월 5일, 정적을 정적 속에 가두다

두 사람의 만남은 역설적이기까지 하다. 무솔리니는 얼마 전만 해도 이탈리아 사회주의의 핵심이었다. 열렬한 사회주의자인 대장장이의 아들로 태어나 일찍이 사회주의자가 됐고, 1910년부터 1914년까지 사회당의 최고 의결 기관인 전국위원회 위원으로 활동했다. 마르크스주의에 정통해서 마르크스가 남긴 문헌의 잘 알려진 구절만이 아니라 사소한 부분까지 꿰뚫은 사람으로 명성이 자자했다.

1910년대 초반에는 사회당 기관지 《전진》의 편집장을 맡았는데, 뛰어난 저널리즘 감각을 발휘해 2만 부이던 발행 부수를 10만 부로 늘렸다. 그람시가 1913년에 사회당에 입당한 만큼 두 사람이 1년 동안 같은 당에 몸담은 셈이었다. 그람시는 무솔리니가 키운 《전진》의 북부 지역 편집장을 맡기도 했다.

병역을 피해 스위스로 도주한 무솔리니는 리비아 참전 반대 시위 때문에 감옥을 가야 했다. 강경 반전론자이던 무솔리니는 생각을 바꿔 1차 대전 참전을 주장하다가 당에서 제명된 뒤 1919년에 '전투연맹Ⅱ Fasci Italiani di Combattimento'을 만들었다. 니체에 심취해 마르크스주의를 맹렬히 비판하기 시작했고, 1921년 로마에서 '국가파시스트당Partito Nazionale Fascista'을 결성했다. 1922년에는 로마 진군을 감행해 서른아홉 살 나이에 총리에 올랐다.

무솔리니는 1920년에 이미 한 번도 마주친 적 없는 그람시에 주목하면서《신질서》의 편집자가 '의심할 것 없이 강력한 두뇌의 소지자'라고 경계했다. 그람시는 무솔리니가 파시스트당을 만든 1921년에 정반대 방향으로 나아가 공산당 창당에 참여했고, 1924년에는《신질서》에 실은 글에서 무솔리니를 비판했다. "이탈리아에는 파시즘 체제가 존재한다. 파시즘의 두령은 베니토 무솔리니다. …… 일찍이 사회당 집회에서 볼 수 있던 그 얼굴이 한층 험한 얼굴로 바뀌고 있다. 기계적인 공포감으로 부르주아지를 섬뜩하게 하던 얼굴로 지금은 프롤레타리아트를 섬찟하게 만든다." 거만하고 다혈질이고 선동자 같은 무솔리니와 정반대 성격을 지닌 그람시가 정치적 맞수가 됐다.

무솔리니는 그람시를 감옥에서 죽게 만들었다. 7년 뒤 2차 대전에서 패배가 가까워지자 북부 이탈리아에 머물다가 스위스로 도주하던 무솔리니도 공산주의 빨치산에 체포돼 총살된 뒤 시체가 밀라노 역에 거꾸로 매달리는 수난을 겪었다. 두 사람의 묘한 인연은 이렇게 비극으로 끝났다. 세월이 흘러 무솔리니는 잊혔지만, 그람시는 화려하게 부활했다. 승자는 그람시다.

1926년 10월 말 볼로냐에서 15세 소년이 주도한 무솔리니 암살

그람시 의원이 잡혀와 20년 4개월 5일 형을 선고받은 코엘리 교도소.

계획이 발각됐다. 무솔리니는 이 일을 빌미 삼아 민주주의의 마지막 보루까지 공격했다. 사태가 심각하다고 판단한 공산당은 그람시를 스위스로 망명시키기로 결정하고 특수 요원을 보내지만, 그람시는 동행을 거부했다. 순교자적 태도 때문이 아니라 정세를 지나치게 낙관적으로 생각한 탓이었다.

감옥에서 쓴 편지에서 그람시는 자기를 '인도 민중의 고통을 증명하려는 새로운 간디'나 '신의 희생물이 되려고 오물을 먹으러 광장으로 간 이스라엘의 예언자'라도 되는 듯 상상하는 일은 잘못이라고 토로했다. 역사에서는 우연도 중요하다. 그람시가 당이 내린 명령에 따라 스위스로 망명해 감옥에 가지 않았다면 우리는 《옥중 수고》를 읽을 수 있었을까? 모를 일이다.

체포된 그람시는 시칠리아 바로 위에 자리한 작은 섬 우스티카로 이송됐다. 정치범을 수용하는 특별 교도소가 있는 곳이었다. 우스티카 섬에서 밀라노를 거쳐 로마의 레지나 코엘리 교도소로 옮겨진 그람시는 '국가 수호 특별재판부'에 회부됐다.

"우리는 이 두뇌를 20년 동안 활동 중지시켜야 한다."

재판에서 검사가 한 이 말은 두고두고 인용된다. 그람시의 신화는 여기에서 시작됐다. 유신과 전두환 정권 시절 한국에서는 판사가 검사 구형을 그대로 따르는 '정찰제 형량'이 유행했다. 이탈리아 재판부는 한 술 더 떠 20년 4개월 5일을 선고했다. 구형보다 4개월 5일을 더한 셈이니 정찰제는 아니라고 해야 할까.

코엘리 교도소 앞에서 본 파시즘 해방일 기념 포스터(위).
그람시가 숨을 거둔 퀴시사나 병원(아래).

코엘리 교도소와 퀴시사나 병원

코엘리 교도소는 바티칸에서 그리 멀지 않은 테베레 강가에 자리하고 있었다. 투리 교도소처럼 아직도 감옥으로 사용된다. 교통 체증을 뚫고 도착했지만 주차를 할 수 없었다. 나만 내려서 간단히 사진을 찍었다. 교도소 앞에는 이탈리아 깃발로 만든 옷을 입은 한 여인이 커다란 이탈리아 국기를 흔드는 사진이 걸려 있었다. 무솔리니 체제가 무너진 이탈리아 해방일(4월 25일) 74주년을 기념하는 포스터였다. '교도소'와 '해방'이라니 뭔가 어색한 조합이지만, 극우파가 기세를 올리고 연정에 참여하는데도 무솔리니 패망을 기념한다니 그나마 다행이었다. 머지않아 이 교도소 앞에 검은 셔츠를 입고 무솔리니 깃발을 흔드는 극우파가 나타날까 걱정이 됐다.

퀴시사나 병원은 병세가 나빠진 그람시가 투리 교도소에서 어렵게 옮겨온 곳이다. 그람시는 이곳에서 3년쯤 지냈는데, 건강이 계속 나빠져 보석을 요구하지만 허가되지 않았다. 1937년 뇌출혈로 위독해진 뒤에야 무솔리니 정부는 석방을 허가했다. 그사이 건강이 너무 나빠진 그람시는 퇴원도 하지 못하고 이곳에서 운명했다.

퀴시사나 병원을 찾은 이유는 그람시가 숨을 거둔 곳이기 때문만은 아니었다. 무솔리니의 감옥에 갇힌 그람시를 돌본 사람은 부인 율리아가 아니라 처형 타냐였다. 타냐는 투옥된 뒤 투리로 이감되고 병원에 이송될 때까지 긴 시간 동안 그람시를 헌신적으로 돌봤다. 옥바라지를 제대로 하려고 이탈리아 주재 소련 대사관에 일자리도 구했다. 우리는 타냐가 한 수고 덕분에 그람시가 남긴 《옥중 수고》를 읽을 수 있게 됐다.

퀴시사나 병원은 《옥중 수고》의 바탕이 된 원고를 외부로 빼돌린 현장이다. 그람시는 투리 교도소에서 이 병원으로 옮기면서 그동안 쓴 노트를 다 들고 왔다. 그람시가 건강이 더 나빠지고 의식까지 희미해지자 타냐는 원고와 책을 챙겨 나왔다. 무솔리니가 언제 압수해서 파기할지 모른다는 생각에 원고는 외교 행낭에 넣어 모스크바로 빼돌렸다. 그 덕에 그람시가 쓴 원고가 살아남았다. 2차 대전이 끝난 뒤 소련은 이 원고를 이탈리아 공산당에 돌려줬다.

재건과 소멸 사이, 그람시의 후예들

앞서 말한 대로 그람시가 이끈 이탈리아 공산당은 소련과 동구가 몰락한 뒤 민주당과 재건공산당으로 나뉘었다. 여행을 준비하면서 민주당 계열인 그람시 재단과 재건공산당에 이메일을 보내 이탈리아에 가는 목적을 밝히고 면담을 요청했다. 그람시 재단에서는 답장이 와 이사장을 만나기로 약속했지만, 재건공산당 쪽은 답이 없었다. 무조건 가보기로 했다. 지하철에서 내려 주소대로 찾아갔는데, 빌딩에는 당 깃발이나 간판 같은 표시가 전혀 없었다. 로비에서 물어보니 2층에 사무실이 있다면서 방금 올라간 사람들을 쫓아가라고 했다. 얼른 2층으로 달려가 사무실 문을 열고 들어가는 일행을 따라잡았다.

커다란 붉은 당기가 걸린 접견실에서 로베르토 모레아 사무총장, 로베르토 무사키오 전 유럽의회 의원을 만났다. 무사키오 전 의원은 1990년대에 노동 문제 때문에 이탈리아 주재 한국 대사관 앞에서 집회를 한 기억이 난다며 아주 반가워했다. 김영삼 정부 때인 1996년에 노동법 날치기에 맞서서 전국민주노동조합총연맹(민주노총)이 벌인 총파업을 말하는 듯했다. 약속 없이 쳐들어간 탓에 궁금한 문제들을 다 묻지는 못했다.

유럽에 극우 포퓰리즘이 기승을 부리고 있는데.

맞다. 큰 걱정이다. 유럽은 그동안 인권과 복지 등에서 전세계의 모델이었다. 그리고 동서 갈등, 그러니까 미국을 중심으로 한 서와 중국을 중심으로 한 동의 대립에서 균형자 구실을 했다. 그러나 이제 그렇지 못하다. 그렇게 된 데에는, 그리고 유럽에 극우 포퓰리즘이 득세하게 된 데에는, 토니 블레어류의 제3의 길이 대표하는 우경화가 책임이 크다. 이런 진보의 우경화된 흐름이 대중을 허무주의로 끌고 갔다.

재건공산당의 생각은?

마르크스는 모든 것을 잃은 때는 처음부터 다시 시작해야 한다고 말했다. 우리는 그 말처럼 자본주의에 순응하는 제3의 길 같은 가짜 진보가 아니라 진짜 좌파가 있다는 사실을 보여주고 싶다. 지난 총선에서 5퍼센트 득표에 실패해 원외 정당으로 밀려났지만, 그런 자세로 계속 투쟁할 작정이다.

이탈리아 재건공산당 당사에 내걸린 붉은 깃발.

로베르토 무사키오 전 유럽의회 의원(왼쪽)과 로베르토 모레아 이탈리아 재건공산당 사무총장(오른쪽).

깃발에 쓴 말은 무슨 뜻인가?

좌파라는 뜻인데, '유럽 좌파'라는 말이다. 유럽은 이미 유럽의회가 운영되는데다가 통합으로 나아가고 있고, 또한 나아가야 하기 때문에, 일국 수준의 좌파는 한계가 많다. 이제 유럽 좌파로 모여야 한다. 2004년에 6개 정당으로 시작한 유럽 좌파 정당 연합이 이제 28개국 40개 정당으로 늘어났다. 한 나라에 여러 정당이 가입하기도 해서 나라 수보다 정당 수가 많다. 일국 수준을 넘어 유럽 차원에서 변화를 추구해야 한다(앞서 말한 대로 2019년 5월 유럽의회 선거에서 이탈리아는 극우파가 약진하고 재건공산당은 한 석도 얻지 못했다).

그람시 묘지 앞에 서서 진보의 미래를 물었다.

23장

로마 2

21세기의 새로운 군주?

이제 긴 여행의 마지막이다. 인터뷰를 약속한 오전 10시에 그람시 재
단을 찾아갔다. 늦지 않으려고 서두르다 보니 너무 일찍 도착했다.
가까운 곳에 있는 그람시 거리에 차를 세우고 천천히 걸으면서 이탈
리아의 아침을 즐겼다. 그람시 재단은 땅값 비싼 로마 시내에 있는데
도 주차창이 넓고 여유로웠다.

그람시, 21세기 진보의 아이콘?

문을 열고 들어가자 그람시 흉상이 보이고, 《신질서》 등 그람시가 관
련한 잡지들이 액자에 걸려 있었다. 꽤 넓은 도서관에는 여러 사람이
열심히 공부하고 있었다. 정당 관련 재단이 이런 큰 도서관을 갖추고
있다니 부러울 따름이었다.

주세페 바카 그람시 재단 이사장에게 한국어로 된 그람시 관련 서적을 선물했다(위).
그람시 재단에 전시된 그람시 관련 자료들(아래).

이사장실로 들어간 우리를 주세페 바카 그람시 재단 이사장이 반갑게 맞았다. 우리말로 나온 그람시 관련 책과 내가 이사장을 맡고 있는 정의당 정의정책연구소 관련 영문 자료 등 준비한 선물을 건네고 이탈리아어로 쓴 그람시 관련 책들을 답례로 받았다. 이사장 방 벽에는 그람시가 투리 교도소에서 읽은 책들이 꽂혀 있었다. 퀴시사나 병원에서 타냐가 그람시의 육필 원고들하고 함께 가지고 나온 자료들이었다. 자리를 정돈하고 간단한 인터뷰를 진행했다.

재단을 소개해달라.

1949년 이탈리아 공산당 중앙위원회 산하 연구소로 만들어졌지만, 1983년 재단을 만들어 독립했다. 나도 이탈리아 공산당이 해체되고 생긴 민주당 당원이지만, 당과 재단은 관계가 없다. 정부 지원을 받고, 2000명 정도 되는 후원자가 힘을 모아 운영한다. 상근 직원은 7명이고, 여러 자원봉사자들이 돕고 있다.

공산당과 그람시 연구소의 관계는 어땠나? 소련과 동구가 몰락한 뒤 당도 해체됐는데.

그람시에 관한 생각, 관점, 그리고 그람시가 공산당에 미치는 영향력은 시대에 따라 바뀌었다. 외부에서는 일반적으로 톨리아티가 당을 책임지던 시대를 중심으로 이탈리아 공산당과 그람시의 관계를 파악하는 경향이 있다. 그러나 그 뒤에는 달라졌다. 시대에 따라 새로운 그람시들이 나타나고, 새로운 그람시들이 필요하기 때문이다.

지금 벌이는 사업은?

특수 문서 보관소에서 비공개 자료를 꺼내는 그람시 재단 담당자.

그람시 전집을 새로 만든다. 그람시의 차남이 1990년대에 모스크바의 집에서 발견한 타냐의 서한을 보내줬다. 이 편지들을 편집한 서한집 2권을 올해 초 발간했고, 앞으로 더 출간할 계획이다. 요즘 그람시가 '진보의 아이콘'이 돼서 그람시에 관련된 책이 1년에 200권 정도 출간되는데, 남아메리카의 그람시, 북아메리카의 그람시, 인도의 그람시 같은 식으로 그람시가 세계 각 지역의 진보 운동과 학문에 끼친 영향을 연구한다. 남아메리카를 자주 오가면서 여러 작업을 하다가 아르헨티나 내무부 장관을 만날 일이 있었다. 이탈리아에서 온 학자라고 말하니까, 그 사람이 예전에는 마키아벨리를 읽었는데 요즘은 그람시를 읽는다고 해서 놀랐다. 그만큼 라틴아메리카에서 그람시가 지닌 영향력은 대단하다.

재단 차원에서 하는 교육 사업은?

2년에 한 번씩 '그람시 여름 캠프'를 연다. 전세계에서 이탈리아어를 할 줄 아는 대학생과 청소년 15명을 선발한다. 참가비의 절반은 재단이 지원하고 절반은 본인이 부담한다. 지난해 주제는 '수동 혁명'이었고, 내년은 '포퓰리즘, 포퓰러, 피플'이다.

도서관이 크던데, 거기 있는 사람들은 누구인가?

세계 각국에서 와 그람시 관련 자료와 책을 보면서 연구하는 사람들이다. 도서관은 그런 사람들을 돕는 열린 자료실이다.

그람시가 지적으로 승리하고 있다지만, 극우 포퓰리즘의 부상이 보여주듯 정치적으로는 패배하고 있지 않은가?

뼈아프고 곤란한 질문이다. 이렇게 간접적으로 답하겠다. 지금은 인구의 80퍼센트가 배제된, 그람시의 표현을 빌리자면 유기적 위기다. 그런데 좌파를 포함한 기성 정당들이 이런 사람들을 표용하지 못한다. 이런 몫 없는 자들을 껴안을 수 있는 의제 설정을 우파가 오히려 더 잘한다. 그런 점에서 역설적으로 우파가 더 그람시적이고 그람시를 더 잘 활용한다.

바카 이사장은 연구소 곳곳을 직접 안내했다. 그람시 당대의 희귀 자료부터 디자인 작업실 등을 보여줬다. 그러더니 건물 밖으로 함께 나가자고 했다. 담당자가 와 커다란 자물쇠를 열어줬다. 또 다른 건물로 들어가니 벽에 자물쇠들이 줄줄이 걸려 있었다. 그중 하나를 꺼내어 구멍에 꽂은 뒤 둥근 손잡이를 돌리자 벽이 열리면서 책장이 나타났다. 그람시 관련 1차 자료들을 모아놓은 특수 문서 보관소였다. 《옥중 수고》 원본만 다른 곳에 있다면서 담당자가 몇몇 자료를 조심스럽게 꺼냈다. 비공개 자료까지 보여줘 고맙다고 말하자, 바카 이사장은 그람시 재단과 정의정책연구소가 함께 그람시를 포함한 진보 사상을 다루는 공동 세미나 등 국제 협력 사업을 벌이자고 당부했다.

포퓰리즘 대 포퓰리즘?

극우 포퓰리즘의 원조인 파시즘의 탄압을 받아 감옥에 갇혀 세상을 떠난 지 80여 년 만에 이탈리아에서 극우 세력이 권력을 잡고 유럽 전역과 미국에서 우익 포퓰리즘이 부상하는 현실을 보면, 그람시는 뭐라고 이야기할까? 어디 유럽과 미국뿐인가? 필리핀과 브라질 등에서도 권력을 잡는 등 극우 포퓰리즘은 지구화되고 있다. 《가디언》에따르면 포퓰리즘 체제에서 사는 사람은 2001년 1억 2000만 명에서 2019년 20억 명으로 거의 20배 늘어났다.

극우 포퓰리즘이 기승을 부리는 이유는 시장 만능의 신자유주의적 지구화에 따라 실업이 늘어나고 살기가 어려워진 탓이다. 지구화때문에 공장들이 문을 닫은 미국 중부 지역 '러스트 벨트'의 저학력백인 노동자들이 트럼프를 적극 지지하는 현실이 이런 점을 잘 보여준다. 경제 위기와 이 위기를 초래한 자본주의의 위기가 가장 책임이크기는 하지만, 포퓰리즘이 부상하는 데는 또 다른 조건이 필요하다는 사실을 잊지 말아야 한다.

포퓰리즘은 자본주의 체제와 그 체제의 정치적 대변인인 보수 정당에 맞선 대안이 돼야 할 진보 정당과 진보 세력이 무능할 때 나타난다. 우익 포퓰리즘이 부상한 현실은 낡은 좌파의 무능, 그리고 토니 블레어와 빌 클린턴이 상징하는 제3의 길이라는 진보의 '변신'이 작지 않은 책임을 져야 한다. 집권에 성공한 제3의 길은 보수 정권하고별다르지 않은 시장주의 정책을 펴서 '그놈이 그놈'이라는 허무주의를 불러왔다. 클린턴은 북미자유무역협정NAFTA을 체결하고 금융 규제를 풀어 2008년 월스트리트발 금융 위기의 원인을 제공한 장본인이다. 클린턴 부부와 월스트리트의 유착 관계는 잘 알려져 있다. 2016년 미국 대선에서 '체이스맨해튼 은행'(힐러리 클린턴)과 '히틀러'(도널드 트럼프) 사이에서 하나를 고르라고 하자 미국인들은 히틀러를 택했다. 그렇다고 낡은 좌파가 희망이 되는 상황은 더욱 아니다.

한국도 크게 다르지 않다. 1997년 경제 위기 덕에 집권한 김대중 정부와 뒤이은 노무현 정부가 미국식 신자유주의 정책을 비판 없이 받아들이면서 양극화가 심해졌다. 정권의 지지 기반이 돼야 할 서민들이 '부패가 무능보다 낫다'면서 2007년 대통령 선거와 2008년 국회의원 총선거에서 이명박과 새누리당이라는 '냉전 보수 세력'에 '묻지마 지지'를 보냈다. 안타까운 일이었다. 그나마 다행인 점은 박근혜 정부가 저지른 국정 파탄에 저항한 촛불 덕분에 우익 포퓰리즘이 기승을 부리는 세계적 흐름하고 다르게 문재인 정부가 들어서서 부족하지만 민주주의가 전진하고 있다는 사실이다.

안심하기는 이르다. 김대중 정부와 노무현 정부가 보여주듯, 그리고 미국과 유럽과 남아메리카의 여러 나라에서 알 수 있듯, 문재인 정부로 상징되는 '자유주의' 세력이 민생을 해결하는 데 실패하면 우익 포퓰리즘이 부상하는 사태는 시간문제일 뿐이다. 민생 악화와 이른바 '조국 사태'를 계기로 한국 사회에도 우익 포퓰리즘이 성장하고 있는 듯하다. 그람시가 지적한 대로 '도덕적이고 윤리적인' 헤게모니를 갖지 못하면 '정치적' 헤게모니를 가질 수 없다. 도덕성 없는 진보는 미래가 없다.

그람시는 반동의 시대에 사회 변혁이라는 시대적 과제를 이끌 '현대의 군주'로 공산당을 지목했지만, 이제 그런 형태를 띤 당의 시효는 다한 듯하다. 자율주의자 등은 공식 이념하고 다른 생각을 억압

하고 규율한다는 점에서 당이라는 형태 자체가 이제 시대착오적이라고 비판한다. 그렇다고 아무런 조직 없이 '1 대 99 사회'에 맞서서, '헬조선'을 상대로, 분리된 개인들이 각개 약진하며 싸우는 방식이 답일 수는 없다. '조직화하되 (관료화되고) 제도화되지 않는organizing without institutionalizing' 길을 찾아야 한다.

마키아벨리는 이탈리아 통일이라는 역사적 사명을 달성할 절대적 주체로서 새로운 '군주'를 꿈꿨다. 그람시는 파시즘 시대에 사회 변혁을 이끌 '20세기 현대의 군주'로서 공산당을 꿈꿨다. 신자유주의적 지구화 시대에 '헬조선'과 '흙수저' 사회를 넘어서서 인간이 인간으로 대접받는 사회를 건설해야 하는, '필요 불가결하지만 현재로서는 실현 불가능한' 시대적 과제를 이끌 '21세기의 군주'는 누구인가? 낡은 좌파도 제3의 길도 아닌 혁신 좌파의 길은 무엇인가?

'21세기의 군주'는 '다중Multitude'인가? 스피노자에서 연유해 안토니오 네그리 등으로 이어지는 자율주의자들에 따르면, 다중은 수동적이고 무질서한 '대중'이나 동일한 목적의식과 통일성을 전제로 하는 '민중'하고 구별된다. 또한 각자의 정체성을 지니고 개별로 행동하지만 특정한 사안에 동의할 때는 개별성을 유지한 채 공동으로 행동하는 21세기의 새로운 주체다. 과연 그럴까?

21세기의 새로운 군주는 '촛불 시민'인가? 박근혜 탄핵에서 드러난 촛불의 힘은 그런 가능성을 보여줬다(그러나 이른바 조국 사태에 맞물려 광화문과 서초동에 나타난 촛불은 촛불이 더는 미래를 향한 직접 민주주의적 힘이 아니며 기성 정치 세력의 '홍위병'으로 전락했

그람시가 묻힌 로마 비가톨릭 공동묘지 입구.

다는 비판을 받았다). 나아가 한쪽에서 주장하듯이 새로운 혁신 좌파의 길은 우파 포퓰리즘에 대항해서 신자유주의 지구화에 따른 경제 위기와 민생 파탄이 불러온 대중의 분노를 좌파적으로 구성해내는 '좌파 포퓰리즘'인가?

무덤 앞에 놓인 시클라멘 화분

그람시 재단을 나와 마지막 일정인 그람시 묘지로 향했다. 그람시는 로마 남쪽에 자리한 비가톨릭 공동묘지에 묻혀 있다. 가톨릭교도가 인구의 절대 다수인 이탈리아에서 가톨릭이 아닌 사람과 외국인이 묻히는 곳이다.

피라미드를 연상시키는 커다란 석조 건축물이 보이는 비가톨릭 공동묘지는 영국 출신 시인 존 키츠가 묻힌 곳이기도 하다. 그람시보다 먼저 키츠의 묘지를 보고 싶어 왼쪽으로 돌아 끝까지 들어갔다. 잘나가던 낭만파 시인 존 키츠는 어느 날 폐결핵에 걸리는데, 의사가 따뜻한 곳으로 요양을 가라고 권하자 친구인 화가 조지프 세번하고 함께 한 달을 항해해 1820년 10월에 이탈리아에 도착했다. 세번이 아픈 친구를 극진히 간호하지만 몇 달 뒤 키츠는 숨을 거두고 말았다.

이런 우정을 기려 두 사람은 나란히 묻혀 있었다. 키츠의 묘는 이름을 새기지 않았다. 묘비에 이름 대신 다음 같은 문구를 써달라는 유언 때문이었다. "물속에 이름을 쓴 한 사람이 여기에 누워 있다Here

시인 존 키츠와 화가 조지프 세번이 묻힌 묘(위). 왼쪽 키츠의 묘는 유언에 따라 이름이 없다.
키츠의 얼굴과 시를 새긴 기념판(아래).

lies One whose Name was writ in Water." 물속에 쓴 이름이라! 우리 모두 다 지워지고 말 이름들이 아닌가? 나는 이렇게 함께 마주보고 묻힐 친구가 있는가? 무덤에서 조금 떨어진 벽에는 시인의 얼굴과 시를 새긴 기념판이 보였다.

두 사람의 무덤을 돌아보고 그람시를 찾아갔다. 그람시는 정반대인 오른쪽 끝에 묻혀 있었다. 키츠의 묘에서 공동묘지를 가로질러 반대쪽으로 가야 했다. 오른쪽 끝이라니 '좌파 거두'의 묘지치고는 엉뚱하다는 생각이 들었다. 오른쪽 끝으로 가자 투박한 사각형 돌 위에 '그람시'라고 쓴 묘석이 나타났다. 붉은 꽃들이 아름답게 피어 있었다. 그람시가 묻힌 곳이었다.

하혜영 씨가 사려 깊게 준비한 시클라멘 화분으로 헌화한 뒤 묵념을 했다. 그람시는 시클라멘을 좋아해서 길라르차에 있는 집 뒤뜰에도 심었다. 여동생도 투리 교도소에 갇힌 오빠에게 이 꽃을 보냈다. 교도소 당국이 규정 탓을 하면서 반입을 허가하지 않자 그람시는 몹시 안타까워했다. "자연에서 온 이 작은 악마가 향기로 내 코를, 화려한 색깔로 내 눈을 간질일 수 없다."

그람시에게 묻는 우리의 미래

그람시 묘지 앞에서 묵념을 하는데 여러 상념이 스쳤다. 무엇보다도 요즘은 우파가 더 그람시적이며 그람시를 더 잘 활용한다는 바카 이

그람시 묘비와 시클라멘 화분.

사장의 말이 가슴 아팠다. 한국 진보 세력은 유럽처럼 우익 포퓰리즘 시대를 맞지 않을 수 있을까? 답답한 마음에 그람시에게 물었다.

"우익의 부상을 막으려면 우리는 뭘 해야 합니까?"

한 세력이 사회에서 헤게모니를 가지려면 좁은 경제적이고 조합 주의적인 이익을 희생해 '국민-민중적National-Popular'이 돼야 한다고 그 람시는 주장했다. 이탈리아의 자본과 우파가 이탈리아 사회에서 헤 게모니를 가진 이유는 국민 대부분과 민중이 '피아트의 이익은 내 이 익'이라고 생각하게 만든 때문이었다.

지난날 좌파들은 국민이 '피아트의 이익이 이탈리아의 이익'이라 고 생각하는 현실은 보수 언론과 교육 등을 통해 지배 이데올로기 에 세뇌된 허위의식의 결과라고 주장했다. 그람시는 그런 현실이 단 순한 허위의식 때문만은 아니라고 생각했다. 국민들이 '피아트의 발 전이 이탈리아의 발전'이라고 믿는 데에는, 우리 식으로 말해 '삼성의 발전이 대한민국의 발전'이라고 믿는 데에는, 그럴 만한 '객관적' 이유 와 '물적 기반'이 있다는 독창적인 발상이었다. 삼성이 잘돼야 노동자 들이 살아가고, 협력 업체, 동네 식당, 술집 등 여러 이해관계자들도 먹고살 수 있기 때문이다. 삼성이 망하면 일자리를 잃고 생계가 어려 워지기 때문에 삼성 노동자들은 물론 관련 업체 노동자들에게는 삼 성이 망하지 않는 상황이 '자기의 이익'이 되는 셈이다.

그람시의 이런 문제의식을 발전시킨 한 학자는 노동자들이 충분 히 착취당해 자본가가 이윤을 계속 얻어서 망하지 않는 상태가 '노동 자의 이익'으로 되는 상황이 역설적이지만 자본주의의 현실이며, 이

그람시 거리의 아침 풍경. 우리는 지금 어디로 가고 있는 걸까.

런 역설적 현실이 바로 자본주의 사회에서 자본가들이 헤게모니를 행사하고 자본주의 체제가 유지되는 숨겨진 이유라고 분석한다. 나아가 자본가 계급은 자기들의 좁은 경제적이고 조합주의적인 이익을 희생하고 노동자들의 경제적이고 조합주의적인 이익을 충족시킬 때 노동자 계급을 포함해 사회 전체를 상대로 헤게모니를 가질 수 있다.

대한항공 소유주 딸의 '땅콩 회항'이나 한화그룹 회장의 '구타 소동'이 잘 보여주듯, 한국 재벌들은 이런 희생을 하지 않은 채 눈앞의 단기적 탐욕에 가득차 전근대적 갑질이나 저지르기 때문에 헤게모니를 갖지 못한다.

노동운동 등 진보 세력도 삼성의 발전은 대한민국의 발전이 아니며 노동과 진보 운동의 발전이 대한민국의 발전이라고 국민들이 믿게 만들어야 하는데, 그러려면 '국민-민중적'이 돼야 한다. 쉽지 않은 과제다. 그렇지만 국민-민중적이 되려면 좁은 경제적이고 조합주의적인 이익을 희생해야 하며, 그람시가 토리노 시절에 지적한 대로 '노동자 계급 안에 존재할 수 있고 실제로 존재하는 일종의 이기심'을 극복해야 한다는 사실은 명확하다.

다시, 지적 비관주의와 의지의 낙관주의

나는 다시 한 번 그람시에게 묵념했다. 20여 일에 걸친 이탈리아 사상 기행의 여정을 마치는 묵념이었다.

"잠깐만."

떠나려는 나를 그람시가 다시 불러 세웠다. 마지막 한마디 충고를 해주려는 마음 때문인가 보다.

"손 교수, 어려운 시대일수록 지적 비관주의와 의지의 낙관주의를 잊지 말게."

그람시가 평소 삶의 지표로 자주 되새긴 말 '지적 비관주의와 의지의 낙관주의'를 안고서 나는 서울에 도착했다.

토리노

제노바

이몰라

빈치
친퀘테레 ● 피렌체
피사

로마

사르데냐
길라르차

칼리아리

투리
마테라

팔레르모
체팔루
타오르미나
카타니아

마키아벨리의 삶

1469	피렌체에서 '법률가'의 아들로 출생. '위대한 로렌초'가 통치 시작.
1476~1481	가정 교사들에게 라틴어와 수학 등 배움.
1486	아버지가 제본한 리비우스의 《로마사》를 읽기 시작. 17세.
1492	'위대한 로렌초' 사망.
1494	프랑스가 이탈리아 침공. 민중 봉기로 메디치가 실각. 공화정 복귀.
1495	사보나롤라 체제 출범.
1498	사보나롤라 실각. 마키아벨리, 제2서기관으로 공직 시작. 29세.
1499~1500	외교 사절로 이탈리아 여러 도시와 프랑스 등 방문.
1501	결혼.
1502	체사레, 로마냐 공략. 다빈치하고 함께 이몰라 동행.
1503	국가안보실장 겸임. 아르노 수로 변경 프로젝트 시작. 34세.
1506	숙원인 시민 상비군 창설 법안 통과.
1507	국가안보실장으로 시민군 건설 총괄.
1512	에스파냐군 침략, 공화정 실각과 메디치가 복귀. 구속돼 고문당하고 가택 연금.
1513	《군주론》 집필 시작. 44세.
1515	《로마사 논고》 집필.
1518	희곡 작가로 변신해 《만드라골라》 집필.
1520	메디치가가 의뢰해 《피렌체사》 집필.
1526	요새 방어를 위한 5인위원회 위원장 취임.
1527	에스파냐 연합군이 피렌체를 공격해 메디치가 실각. 공화정 복귀. 서기장에 출마해 낙선하고 병으로 사망. 58세.
1531	《로마사 논고》 출간.
1532	《군주론》과 《피렌체사》 출간.

그람시의 삶

1891	사르데냐 섬 알레스에서 등기소장의 아들로 태어남.
1896	장애 증상 나타남(추정).
1898	아버지가 투옥돼 어머니 친정인 길라르차로 이사.
1903	초등학교를 졸업한 뒤 등기소 사환으로 취직.
1905	중학교 3학년으로 편입.
1909	칼리아리의 고등학교로 유학. 사회주의를 접함.
1911	사르데냐 출신 가정 빈곤 학생 장학금을 받아 토리노 대학교 진학.
1914	사회당 입당. 사회당 주간지에 정치 칼럼 기고. 23세.
1919	톨리아티 등하고 사회당 내부 좌파 그룹 결성. 《신질서》 창간. 토리노 공장평의회 운동 제안.
1920	피아트 공장 점거 운동 지원.
1921	사회당 내부의 좌파가 분당해 창당한 공산당의 중앙위원이 됨. 일간지로 복간한 《신질서》의 편집장이 됨.
1922	코민테른 집행위원 자격으로 모스크바 방문. 율리아를 만나 결혼. 무솔리니, 로마 진격해 정권 장악.
1923	국회의원에 당선해 귀국. 32세.
1925	공산당 당수 자격으로 의회에서 무솔리니를 상대로 대정부 질문.
1926	긴급 조치에 따라 면책 특권을 가진 국회의원인데도 체포됨.
1928	20년 4개월 5일 형 선고. 투리 교도소 이송. 37세.
1929	《옥중 수고》 집필 시작.
1931	심각한 건강 이상 발생.
1935	로마에 있는 퀴시사나 병원으로 이송.
1936	뇌출혈로 사망. 45세. 처형 타냐가 《옥중 수고》 원고를 소련으로 반출.
1945	《옥중 수고》 원고 이탈리아로 반환.
1947	《옥중 수고 선집》 출간(이탈리아어판).
1957	《옥중 수고 선집》 영어판 출간.
1975	《옥중 수고 전집》 출간(이탈리아어판).

주요 등장인물

주세페 가리발디(1807~1882) 마치니하고 함께 이탈리아 통일에 앞장선 장군. 군복 대신 '붉은 셔츠'를 입은 군대를 이끌었다. 해운업에 종사하는 부모의 영향을 받아 일찌감치 선장이 됐고, 러시아 항해 중 마치니 추종자를 만나 이탈리아 통일에 투신하기로 서약했다. 마치니하고 함께 혁명을 일으키려다가 실패한 뒤 남아메리카로 도주해 브라질과 우루과이 등에서 공화주의를 목표로 삼은 전투에 참여했다. 이탈리아로 돌아와 1차 독립 전쟁과 2차 독립 전쟁에 참전했으며, 1000명을 이끌고 시칠리아를 공격해 1861년에 이탈리아 통일의 마지막 단추를 채웠다. 보통 선거권과 제1인터내셔널을 지지한 진보주의자인데다가 말년에도 프랑스-프러시아 전쟁에 참전하는 등 진보적 관점에서 국제적으로 활동해 '두 대륙의 영웅'이자 '혁명적 세계주의의 병사'라는 칭송을 받았다.

갈릴레오 갈릴레이(1564~1642) 피사에서 태어나 피렌체에서 자랐고, 피사 대학교 교수를 지냈다. 원래 수학자이지만 망원경이 발명된 뒤 천문학을 공부했으며, 지동설을 주장한 혐의로 종교 재판에 회부돼 유죄를 받았다. 징역형이 유배형으로 감형된 뒤 피렌체 근교 아르체트리 자택에서 말년을 보냈다.

레오나르도 다빈치(1452~1519) 피렌체 근처 빈치에서 태어나, 피렌체에서 유명 화가에게 그림을 배운 뒤 자립했다. 화가로 서서히 명성을 쌓다가 밀라노에 불려가 〈최후의 만찬〉을 비롯해 역사상 가장 유명한 그림이라고 할 수 있는 〈모나리자〉 등 명작을 남겼다. 그림에 만족하지 않고 인체 해부학, 비행기, 잠수함 등 시대를 앞서 간 과학자로 활동해서 역사상 최고의 만능인으로 평가받는다. 지적 호기심이 충만해서 체사레 보르자의 수석 군사 기술자 자격으로 혁신적인 이몰라 지도를 만들었다. 평생 채식주의자에 결혼을 하지 않았고, 프랑수아 1세의 초청을 받아 프랑스에서 작업을 하다가 세상을 떠났다.

단테 알리기에리(1265~1321) 피렌체 출신으로, 모두 라틴어를 쓸 때 이탈리아어로 글을 써서 이탈리아 문학의 기틀을 다진 '이탈리아의 셰익스피어'다. 교황과 피렌체 군주를 둘러싸고 다양한 정파가 대립하는 상황에서 피렌체가 교황의 지배를 벗어나 독립해야 한다는 주장을 펴 1302년 추방당했다. 사면될 기회가 많았지만 끝까지 저항하다가 피렌체에 돌아오지 못하고 외지에서 죽었다. 망명 생활 중 사후 세계를 그린 《신곡》을 썼다. 일찍 결혼했지만, 우연히 만난 베아트리체라는 소녀를 향한 플라토닉한 사랑을 문학적으로 형상화해 서구 문학에 '베아트리체'를 도입했다.

카를로 레비(1902~1975) 의사에 화가, 소설가인 '르네상스 맨'으로, 무솔리니 체제가 들어서자 반파시즘 투쟁을 했다. 체포된 뒤 이탈리아 최고의 오지인 알리아노에 갇혀 가난한 남부 농민의 삶을 그린 책 《그리스도는 에볼리에 머물렀다》를 썼다. 해방 뒤에는 그람시를 이어받은 이탈리아 공산당 소속으로 두 차례 상원 의원을 지냈고, 유언에 따라 사랑하는 땅 알리아노에 묻혔다.

메디치가 금융업으로 돈을 벌어 15~16세기에 피렌체를 사실상 지배한 가문으로, 교황도 여럿 배출했다. 엄청난 부를 무기로 피렌체의 르네상스를 이끌었다. '위대한 로렌초' 시절의 황금기를 지나 1494년에 민중 봉기로 쫓겨났다. 에스파냐군의 도움을 받아 1512년에 권력에 복귀한 뒤 공화정을 위해 일한 마키아벨리를 구금하고 고문했다. 이 가문이 수집한 많은 미술품이 우피치 미술관에 전시돼 있다.

베니토 무솔리니(1883~1945) 열렬 사회주의자인 대장장이의 아들로 태어나 일찍이 사회주의자가 됐다. 1910년부터 1914년까지 사회당 전국위원회 위원으로 활동했고, 뛰어난 저널리즘 감각을 발휘해 사회당 기관지 《전진》을 발행 부수 2만 부에서 10만 부로 키웠다. 병역을 피해 스위스로 도주하는가 하면 리비아 참전 반대 시위로 감옥에 간 반전주의자에서 표변해 1차 대전 참전을 주장하다가 당에서 제명된 뒤 참전해 부상당했다. 1922년 로마 진군으로 39살에 총리에 오른 뒤 20년 넘게 파시즘 독재 체제를 유지했다. 2차 대전에서 패배가 확실해지자 총리에서 해임되고 연금되지만, 독일 특공대에 구출돼 북부 이탈리아에 세운 괴뢰 정부의 총리가 됐다. 패망이 임박해지자 스위스로 도주하다가 공산주의 빨치산에 체포돼 총살됐다.

미켈란젤로(1475~1564) 피렌체 근교에서 태어나 피렌체에 와서 미술 수업을 받았다. 메디치가가 세운 인문학 학교에서 공부하면서 총애를 받았지만, 메디치가를 무너트린 공화정의 의뢰를 받아 자유의 상징인 다비드 상을 만들었다. 회화, 조각, 건축 분야에서 많은 명작을 남겼다. 말년에는 바티칸의 초청을 받아 필생의 역작인 대형 천장화 〈천지 창조〉를 그렸다. 다빈치처럼 결혼을 하지 않았으며, 남성 제자에게 보낸 에로틱한 편지들이 남아 있다.

크리스토퍼 콜럼버스(1451~1506) 항구 도시인 제노바에서 태어나 10살부터 항해를 배웠다. 독학으로 여러 언어에 통달했고, 천문학과 항해술을 익혔다. 서쪽으로 계속 가면 아시아에 닿을 수 있다고 에스파냐 왕실을 설득한 끝에 자금을 지원받아 5주 동안 항해해서 1492년 '신대륙'에 도착했다. 총독 자리를 받고 수익의 10분의 1을 갖는 계약을 맺었지만, 폭군으로 행세하는 바람에 투옥되고 총독 자리에서도 쫓겨났다. 미국 등 아메리카 대륙의 많은 나라들이 콜럼버스가 아메리카 대륙에 도착한 10월 12일을 '콜럼버스의 날'로 정해 기념했다. 콜럼버스 이전에 이미 아메리카 대륙에 살던 1000만~1억 2200만 명의 원주민이 학살 때문에 300만 명으로 줄었다는 비판이 제기되면서 '콜럼버스의 날'을 '원주민의 날'로 바꾸는 곳이 늘어났다.

체사레 보르자(1475~1507) 마키아벨리가 쓴 《군주론》의 주인공으로 일컬어지는 인물로, 교황 알렉산데르 6세의 서자다. 아버지 덕에 추기경이 되지만 신부복을 벗고서 칼 든 장군이 됐다. 프랑스의 도움을 받아 북동부 지역을 정벌하고 승승장구하면서 이탈리아의 꿈인 통일을 달성할 수 있다고 기대를 모았지만, 아버지인 알렉산데르 6세가 죽은 뒤 교황청이 비판적 태도를 보이는데다가 병까지 걸리면서 젊은 나이에 세상을 떠났다.

팔미로 톨리아티(1893~1964) 사르데냐 출신으로 그람시하고 함께 토리노 대학교에서 공부했다. 《신질서》를 함께 만들고 사회당을 동반 탈당해 공산당을 만드는 등 그람시의 평생 동지였다. 그람시가 투옥되자 뒤를 이어 이탈리아 공산당 서기장을 맡았고, 소련에 망명해 반파시즘 투쟁을 벌였다. 2차 대전 뒤 귀국해 임시 정부에서 부총리를 지냈고, 대소련 독자 노선과 사회주의를 향한 평화로운 이행을 주장하는 유러코뮤니즘을 주도해 이탈리아 공산당을 서구 최대의 공산당으로 키웠다.

타티아나 슈흐트(1887~1943) '타냐'라는 애칭으로 불린 그람시의 처형. 급진적 사회운동을 하다가 시베리아로 유형을 간 부모가 이탈리아로 탈출하는 바람에 이탈리아에서 성장했다. 여동생 율리아가 코민테른 집행위원회에 참석하러 모스크바에 온 그람시를 만나 결혼하면서 그람시하고 인연을 맺었다. 이탈리아로 돌아간 그람시가 투옥되자 건강 때문에 소련을 떠나지 못한 율리아를 대신해 이탈리아로 가 이탈리아 주재 소련 대사관에서 일하면서 옥바라지를 했다. 그람시가 남긴 원고를 빼돌려 외교 행낭으로 소련으로 보낸 덕에 오늘날 《옥중 수고》가 살아남았다.

산드로 페르티니(1896~1990) 대지주의 아들로 태어나 사회주의자로서 반파시스트 운동에 앞장섰다. 체포돼 투리 교도소에 갇혔는데, 먼저 들어온 그람시를 만나 깊은 우정을 쌓았다. 2차 대전 말에 석방된 뒤 다시 저항 운동에 참여해 사형 선고를 받지만, 레지스탕스 덕에 처형 직전에 살아났다. 2차 대전 뒤 사회당 의원으로 활동했고, 1968년 하원의장에, 1978년 대통령에 당선됐다. 대통령이 된 뒤 투리 교도소에 들러 그람시가 갇혀 있던 감방을 찾은 일화로 유명하다.

참고 자료

김경희. 2018. 《근대 국가 개념의 탄생》. 까치

김종법. 2015. 《그람시의 군주론》. 바다출판사

그람시, 안토니오. 2003. 박상진 옮김. 《대중문학론》. 책세상.

　　　　　　　　. 2004. 김종법 옮김. 《남부 문제에 대한 몇 가지 주제들》. 책세상.

　　　　　　　　. 2011. 리처드 벨라미 엮음. 김현우·장석준 옮김. 《안토니오 그람시 옥중수고 이전》. 갈무리.

　　　　　　　　. 2016. 김종법 옮김. 《나는 무관심을 증오한다》. 바다출판사.

나나미, 시오노. 2001. 오정환 옮김. 《체사레 보르자 혹은 우아한 냉혹》. 한길사.

　　　　　　　　. 2002. 오정환 옮김. 《나의 친구 마키아벨리》. 한길사.

마키아벨리, 니콜로. 2005. 신재일 옮김. 《군주론》. 서해문집.

　　　　　　　　. 2018. 강정인·김경희 옮김. 《로마사 논고》. 한길사.

다나카 이치로. 2018. 서수지 옮김. 《400년 전, 그 법정에서는 무슨 일이 있었나?》. 사람과나무사이.

레비, 카를로. 2019. 박희원 옮김. 《그리스도는 에볼리에 머물렀다》. 북인더갭.

무페, 샹탈 엮음. 1992. 장상철 옮김. 《그람시와 마르크스주의 이론》. 녹두.

아이작슨, 월터. 2019. 신봉아 옮김. 《레오나르도 다빈치》. 아르테.

알튀세르, 루이. 2001. 김정한·오덕근 옮김. 《마키아벨리의 가면》. 이후.

최장집. 2014. 〈한국어판 서문〉. 니콜로 마키아벨리 지음. 박상훈 옮김. 《군주론》. 후마니타스.

카사스, 라스 엮음. 2000. 박광순 옮김. 《콜럼버스 항해록》. 범우사.

케비어, 자빈. 1994. 이철규 옮김. 《안토니오 그람시의 시민사회》. 백의.

피오리, 쥬세뻬. 2004. 김종법 옮김. 《안토니오 그람쉬》. 이매진.

홀럽, 르네이트. 2000. 정철수 외 옮김. 《그람시의 여백 — 맑스주의와 포스트모더니즘을 넘어서》. 이후.

Adamson, Walter. 1980. *Hegemony and Revolution: A Study of Antonio Gramsci's Political and Cultural Theory*. Univ. of California Press.

Benner, Erica. 2017. *Be Like the Fox: Machiavelli in His World*. W. W. Norton

&Co.

Chomsky, Noam. 1993. *Year 501: The Conquest Continues*. Haymarket Books.

Crispino, Enrica. 2005. *Leonardo: Art and Science*. Giunti.

Edge, Deckle. 1998. *Fortune is a River: Leonardo Da Vinci and Niccolo Machiavelli's Magnificent Dream to Change the Course of Florentine History*. Free Press.

Forgacs, David(ed.). 2000. *The Antonio Gramsci Reader*. New York University Press.

Gramsci, Antonio. 1971. *Selections from Prison Notebooks*. International Publishers(이상훈 옮김, 《그람시의 옥중수고 1, 2》, 거름).

_____. 1995. *Further Selections from Prison Notebooks*. University of Minnesota Press.

_____. 1978. *Selections from Political Writings 1921-1926*. International Pub.

_____. 1977. *Selections from Political Writings 1910-1920*. International Pub.

_____. 1985. *Selections from Cultural Writings*. Harvard Univ. Press.

_____. 1995. *The Southern Question*. Bordighera, Inc.

_____. 1994. *Letters from Prison 1~2*. Columbia Univ. Press.

_____. 2007. *Prison Notebooks 1~3*. Columbia Univ. Press.

Sassoon, Anne S. 1982. *Approaches To Gramsci*. Writers and Readers.

Schecter, Darrow. 1991. *Gramsci and The Theory of Industrial Democracy*. Gower Pub.

Unger, Miles. 2011. *Machievelli: A Biography*. Simon & Schuster Paperbooks.